ACTA IRANICA

TROISIÈME SÉRIE

VOLUME II — SUPPLÉMENT

SOUS LE HAUT PATRONAGE
DE S.M.I. LE SHAHINSHAH ARYAMEHR

ACTA IRANICA

ENCYCLOPÉDIE PERMANENTE DES ÉTUDES IRANIENNES
FONDÉE À L'OCCASION DU 2500ᵉ ANNIVERSAIRE
DE LA FONDATION DE L'EMPIRE PERSE PAR CYRUS LE GRAND

TROISIÈME SÉRIE

TEXTES ET MÉMOIRES

Acta Iranica 9a

ÉDITION
BIBLIOTHÈQUE PAHLAVI
TÉHÉRAN-LIÈGE

DIFFUSION
E. J. BRILL
LEIDEN

TEXTES ET MÉMOIRES

VOLUME II — SUPPLÉMENT

A WORD-LIST
OF MANICHAEAN MIDDLE PERSIAN
AND PARTHIAN

by

Mary BOYCE

with

A REVERSE INDEX

by

Ronald ZWANZIGER

1977

DIFFUSION

E.J. BRILL

LEIDEN

ÉDITION

BIBLIOTHÈQUE PAHLAVI

TÉHÉRAN-LIÈGE

ISBN 9004 03902 3
9004 05606 8

MARY BOYCE

A WORD-LIST OF MANICHAEAN MIDDLE PERSIAN AND PARTHIAN

The decision to expand the companion volume of 'A Reader in Manichaean Middle Persian and Parthian' (*Acta Iranica*, Troisième Série, II, 1975) into a complete dictionary of Western Middle Iranian of the Turfan texts has meant that its preparation will take a considerable time; and so, at the suggestion of Professor Duchesne-Guillemin, the present word-list has been prepared to facilitate the use of the 'Reader' meanwhile. It is based on a glossary which has long been available to students at the School of Oriental and African Studies, London. In it each word is given in transliteration, and this is followed by its transcription in brackets. Some time ago the transcriptions of the original glossary were reviewed by my then colleague, Professor D. N. MacKenzie; and my present colleague, Dr N. Sims-Williams, has kindly considered those of the expanded word-list, and has made further valuable suggestions. For the Manichaean alphabet and the general principles of its transcription see the 'Reader', pp. 14-18. In the word-list, if there is a doubt (because of uncertain etymology) as to whether a sound was a stop or a fricative, the transcription *b*, *d* or *g* has been preferred to *β*, *δ* or *γ*. Occasionally a word only occurs written with a fricative, and then this is transliterated by a fricative, but transcribed (if Middle Persian) by a stop. The entries have been checked not only from the draft of the proposed dictionary, but also from a computerized index to the 'Reader' itself, prepared for use in his own researches by Dr. R. Zwanziger, to whom I am indebted for providing me with a copy. I am also very grateful to Dr. Sims-Williams for sparing time to check the typescript, and for his kindness in reading proofs; and to Dr. W. Sundermann for sending me, while the word-list was in the press, a few important emendations to the translations of particular words.

In this list minor spelling variants, such as the alternation of *p* and *f*, final *-yh* and *-yy*, *-g* and *-q*, or the doubling of internal vowels, are not usually noted. Past participles are listed under the corresponding present stems, and cross-references are not always given if the two forms appear close together. In the 'Reader' references are often made to the planned glossary-volume for details of restored forms, or discussions of meanings. Such matter is not contained in the present word-list, but will form part of the dictionary.

SIGNS AND ABBREVIATIONS USED

*	indicates uncertainty in a reading or transcription
adj.	adjective
adv.	adverb
c.	'common', i.e. occurring in both Middle Persian and Parthian
caus.	causative
coll.	collective
comp.	comparative
conj.	conjunction
dem.	demonstrative
imp.	imperative
inchoat.	inchoative
inf.	infinitive
interrog.	interrogative
intrans.	intransitive
l.w.	loan word
lit.	literally
Man.	Manichaean, Manichaeism
neg.	negative
nom.	nominative
pass.	passive
Pe.	Middle Persian
pers.	personal
pl.	plural
postp.	postposition
pp.	past participle
pr. name	proper name
prep.	preposition
pres. pt.	present participle
pro.	pronoun
Pth.	Parthian
rel.	relative
sg.	singular
subst.	substantive
suff.	suffix
superl.	superlative
trans.	transitive
vb.	verb
voc.	vocative
v.n.	verbal noun
Zor.	Zoroastrian

ALPHABETIC ORDER

', ʿ, b (β), c, d, f, g (γ), h (ḥ), j, k (q), l, m, n, p, r, s, š, t (ṯ), w, x, y, z, ž

-ʾ, -ʾh	[-ā] c., suffix found in verse only, for invocation, exclamation or emphasis
ʾʾbʾn	see ʾbʾn
ʾʾbcʾr	see ʾbcʾr
ʾʾbrwxt	see under ʾbrwc-
ʾʾcyhr	[*āzihr] Pe. 'seedless plants (?)'
ʾʾd	[ād] Pe. 'so, thus'
ʾʾdg	[ādug] Pth. 'capable of' (with inf.)
ʾʾdwg	[ādug] Pe. 'capable of' (with inf.)
ʾʾdwryn	see ʾdwryn
ʾʾdyšg	see ʾdyšg
ʾʾfryd	see under ʾfryd-
ʾʾgʾdg	see ʾgʾdg
ʾʾgʾm	[āγām] Pth. 'time'
ʾʾgnd	see ʾgnd
ʾʾgnyn	see ʾgnyn
ʾʾgwst	[āgust] Pe., pp., 'hung up, fastened'
ʾʾγwz	see ʾgwz
ʾʾgynyn	see ʾgnyn
ʾʾhwg¹	see ʾhwg
ʾʾhwg²	[āhōg] Pe. 'defilement'
ʾʾhyd	see ʾhyd
ʾʾjwn	see ʾjwn
ʾʾjy-	see ʾjy-
ʾʾkwndg	[*ākundag] Pth., pr. name of demon
ʾʾlyf	[ālif] Pth. 'alpha, the first letter of the alphabet'
ʾʾmyγ	[āmēγ] Pth. 'mixture'
ʾʾmyxt	see ʾmyxt
ʾʾrʾm	see ʾrʾm
ʾʾrdhng	see ʾrdhng
ʾʾrg	see ʾrg
ʾʾs-	see ʾs-
ʾʾsmʾn	see ʾsmʾn
ʾʾsnʾy-	[āsnāy-] Pe. 'bathe, wash (trans.)'
ʾʾstʾng	see ʾstʾng
ʾʾstwʾn	see ʾstwʾn
ʾʾstwʾnyy	[āstawānī] Pe. 'belief, profession'

''stwnd	see 'stwnd
''št	[āšt] Pe. 'peace'
''šwb	see 'šwb
''trwn	[*ātrōn] Pe. 'priest'
''w'g	[āwāg] Pe. 'voice, speech'
''w'm	see 'w'm
''w'st	see under 'w'y-
''whr-¹	[āwuhr-] Pe. 'be converted'
''whr-²	see 'whr-
''wn	[*a'ōn] Pe. 'so, as'; ''wn c'wn ... ''wn 'even as ... so'; ''wn kw 'so that'
''wr-	see 'wr- and 'wr
''wrd	see under 'wr-
''wrt	see under 'wr-
''wsyg	pr. name, see under xybr'
''wyndg	[āwendag] Pth. 'equal, peer (?)'
''y-, ''yy-	[āy-] Pth. 'come'; suppletive pp. 'md (q.v.)
''y'g, ''yg	see 'y'g
''yb	[*āyēb] Pe. 'conflagration, fire'
''ypt	[āyaft] Pe. 'boon, gift'
''ywn	[āywan] Pe. 'palace'
''ywšt	see under 'ywz-
''ywz-	see 'ywz-
''z	[āz] c. 'greed; the demon Greed'
''z'd	[āzād] c. 'free'
''z'dyft, ''z'dyh	see 'z'dyft, 'z'dyh
''z'rg	[āzārag] Pe. 'tormenting, tormentor'
''zygr	see 'zygr
''zygryy	[āzegarī] Pe. 'greediness, lustfulness'
''zynd	see 'zynd
'b	[āb] c. 'water'
'b'c, 'b'ž	[abāz, Pe., abāž, Pth.] c. 'back, away, again'
'b'd	[abād] Pth. 'prosperous, cared for'
'b'g	[abāg] Pe. 'with, by'
'b'n, ''b'n	[abān] Pe., pl., 'waters'; ''b'n m'h 'month of the Waters', the 8th month
'b'ryg	[abārīg] c. 'other'
'b'w	[abāw] Pth. 'then'
'b'xtr¹	[abāxtar] Pth. 'north'
'b'xtr²	[abāxtar] Pe. 'planet'

’b’yd	[abāyēd] Pe., impersonal vb., ‘it is necessary’ (with inf.)
’b’yšn	[abāyišn] c. ‘necessity’
’b’ž	see ’b’c
’bc’r, ’’bc’r	[ăbzār, Pe., ăbžār, Pth.] c. ‘materials, means’
’bcr	[ăbžar] Pth. ‘materials, means’
’bcyn	see ’bzyn
’bd’b	[abdāb] Pth. ‘sunshine’
’bd’c-	[abdāz-, Pe., abdāž-, Pth.] c. ‘remove, free, rescue’; secondary pp. ’bd’c’d Pth.
’bd’c’g	[abdāzāg, Pe., abdāžāg, Pth.] c. ‘rescuer’
’bd’g	[ābadāg] c. ‘assailant’
’bdr	[abdar] Pth. ‘away, yonder’, in the expression ’bdr n’m ‘of yonder name’, used of the addressee of a letter
’bdrynj-	[abdrenǰ-] Pth. ‘assure, make certain (?)’
’bdrz-	[abδarz-] Pth ‘untie, unload’
’bdwm	[abdom] Pe. ‘lastly, finally’
’bdwmyh	[abdomīh] Pe. ‘end’
’bdwmyn	[abdomēn] Pe. ‘last, final’
’bdxtn	[abdaxtan] Pe., inf., ‘to escape’
’bdyn	[aβδēn] Pth. ‘custom, habit; customary, usual; manner, way’
’bdys	[aβδēs] Pth. ‘instruction, command’
’bdys-	[aβδēs-] Pth. ‘tell, explain; show’; pp. ’bdyšt [aβδišt] ‘shown’
’bg’ng	[abgānag] Pe. ‘abortion’
’bg’w	[aβγāw] Pth. ‘increase’
’bg’w-	[aβγāw-] Pth. ‘increase, add’; pp. ’bγwd [aβγūd]
’bgn-	[abgan-] c. ‘throw’; w’ng ’bgn- ‘shout’; pp. ’bgnd [abgand]
’bgwd	see under ’bg’w-
’bgwhg	[*abgōhag] Pe. ‘dirt (?)’
’bγwnd-	[abγund-] Pth. ‘uncover, reveal’
’bgwš	[aβγuš] Pth. ‘silent’
’bhwm-	[*abhum-] Pe. ‘disclose, reveal’; pass. ’bhwmyh- ‘be revealed’
’bhwm’g	[*abhumāg] Pe. ‘one who reveals’
’bhwmyšn	[*abhumišn] Pe. ‘revelation’
’bhyšt	[abhišt] Pth., pp., ‘left, abandoned’

'bj'm'd	[abžāmād] Pth., pp., 'tormented, tortured'
'bj'myšn	[abžāmišn] Pth. 'torment, torture'
'bjyrw'ng	[*abžīrwānag] Pth. 'disciple, pupil'
'bn's	[abnās] Pth. 'destruction, ruin'
'bn's-	[abnās-] Pth. 'destroy; be destroyed (ds 1)'
'bnft[1]	[aβnaft] Pth., pp., 'drew near to, approached'
'bnft[2]	[abnaft] Pth., pp., 'withdrew, departed'
'br[1]	[abar] c., prep., 'upon; about, concerning; in (of time); to'
'br[2]	[abar] Pth., adj., 'higher, upper'
'br[3]	[abar] c., preverb, 'up, upon, over'
'br'st	[abrāst] Pe., pp., 'raised up, exalted'
'br'yyg'w	[*abrāigāw] Pth. 'Hebrew (language)(?)'
'brdr	[abardar] c., comp. adj., 'higher, upper'
'brdwm	[abardom] c., superl. adj., 'highest' (often sub- stantivised, 'the highest')
'brg	[abarag] Pe. 'north'
'brgyh'h	[abaragīhā] Pe. 'northerly'
'brng, 'brnng	[abrang] Pth. 'zeal'
'brngyft	[abrangīft] Pth. 'zeal'
'bršhr	[abaršahr] Pe. 'the upper, i.e. northern, lands'
'brwc-	[abrōz-] Pe. 'illumine, kindle, light'; pp. **'brwxt, ''brwxt** [abrōxt]
'brwd	[aβrōδ] Pth. 'plants'
'bryl	[abarēl] Semitic pr. name in Pe.
'bryn	[abarēn] Pth. 'higher'
'bsyst	[absist] Pth., pp., 'stopped, cut off, ended'
*'bš'mg	[abšāmag] Pth. 'swallowing, consuming'
'bwrs'm	[abursām] Pth., pr. name
'bwws	[ābus] Pe. 'with child, pregnant'
'bwyn-	[abwēn-] Pth. 'dislike, disapprove of'
'bxrws-	[abxrōs-] Pth. 'call out, shriek, howl'; pp. **'bxrwšt** [abxrušt]
'bxš'h-	[abaxšāh-] Pth. 'have pity'
'bxš'hyšn	[abaxšāhišn] Pth. 'pity, mercy'
'bxš'yd	[abaxšāyīd] Pe., pp., 'pitied'
'bxš'yšn	[abaxšāyišn] Pe. 'pity, mercy'
*'bxwrmg	[?] Pe. 'sorrow (?)'
'by	[abē] c., prep., 'without'

’by’d	[aβyād] Pth. 'memory'
’by’dgr	[aβyādgar] Pth. 'memorable'
’by’st’r	[abēyāstār] c. 'sinless, free from sin'
’by’st’ryft	[abēyāstārīft] Pth. 'sinlessness'
’by’wš	see *ʼbywš*
’by’wšyh	[abēyušīh] Pe. 'unconsciousness'
’bybxtgyh	[abēbaxtagīh] Pe., adj., 'being without dissension, free from discord'
’bycg	[abēzag] Pe. 'pure'
’byd’g	[abaydāg] Pe. 'invisible'
’byg	[ābīg] Pe. 'of water'
’byk’r	[abēkār] Pe. 'useless'
’byqyrbgyy	[abēkirbagī] Pe., adj., 'lacking alms, not receiving charity'
’byn¹	[ābēn] c. 'of water, watery'
’byn²	[ābēn] Pth. 'bright, clear, lustrous'
’bynng	[abēnang] Pth. 'without blame, flawless'
*’byr’z	[abērāz] Pe. 'ceaselessly (?)'
’bysp’r-	[abespār-] Pth. 'deliver up, hand over, entrust'; pp. **’byspwrd** [abespurd]
’byst’g	[*abestāg] Pe. 'teacher (?)'
’byst’wg	[abestāwag] Pth., but found in Pe. texts also, 'apostate'
’bystn	[abestan] Pth. 'delay'
’bysyh-	[abesīh-] Pe., pass., 'be cut off, removed'
’byšrm	[abēšarm] Pe. 'shameless'
’bywn’	[abēwinā] Pe. 'guiltless, innocent'
’bywš, ’by’wš	[abēyuš] Pe. 'unconscious'
’bywšyh	[abēyušīh] Pe. 'unconsciousness'
’bywzynd	[abēwizend] Pe. 'inviolate, unharmed'
’bywzyndyh	[abēwizendīh] Pe. 'inviolateness'
’byy’d	[abēyād] Pth., adj., 'without share'
’bz’r	[abzār] Pe. 'strong, powerful'
’bz’rdr	[abzārdar] Pe., comp. adj., 'stronger, more powerful'
’bz’y-	[abzāy-] Pe. 'increase (trans.); add to'
’bzftg	[abzaftag] Pth. 'filthy (?)'
’bzw-	[abzaw-] Pe. 'increase (intrans.), be increased, added to'

'bzwn	[abzōn] Pe. 'increase'
'bzwyšn	[abzawišn] Pe. 'increase, waxing (of the moon)'
'bzxy'	[abzaxyā] Pe., pr. name
'bzyn, 'bcyn	[abzīn] Pe. 'cloth, material'
'bzyn-	[abzēn-] Pe. 'sew'
'bzyngr	[abzēngar] Pe. 'tailor'
'c (c.), 'z (Pe.), 'ž (Pth.)	[az, Pe., až, Pth.] prep. 'from, over, for (of time), on account of, at, in, upon, with, by'; with suff. pro. sg. 3, 'zwš, dgc
'cyš, 'zyš	[aziš] Pe. 'from him/it'; postp. 'from, by', governing preceding pronoun
'd	[aδ] Pth., prep., 'with'
'd'	[addā] pr. name in Pe.
'd'n	[adān] Pe. 'ignorant'
'dbz	[aδβaz] Pth. 'hunger'
'dr	[aδar] Pth., adv., 'down'
'dryn	[aδarēn] Pth. 'lower'
'dwny	[adonai] Semitic pr. name in Pe.
'dwr	[ādur] c. 'fire'; 'dwr m'h 'month of Fire', the 9th month
'dwryn, ''dwryn	[ādurēn] c. 'of fire; fiery, burning'
'dwrystr	[ādurestar] Pe. 'ashes'
'dy'n	[adyān] Pth. 'then'
'dy'wr	[aδyāwar] Pth. 'helper, friend'
'dy'wryft	[aδyāwarīft] Pth. 'help'
'dyh-	[adīh-] c. 'enter, approach'; pp. 'dyd [adīd] Pe. only
'dyn	[adēn] Pe. 'entrance'
'dyn-	[adēn-] Pe. 'cause to enter, bring before'
'dyšg¹, ''dẏšg¹	[*āδēšag] Pth. 'sign (?)'
'dyšg², ''dẏšg²	[*āδēšag] Pth. 'watcher, watchman (?)'
'fr'h, 'pr'h	[āfrāh] Pe. 'teaching, instruction'
'fr's	[āfrās] Pth. 'teaching, instruction'
'frdr	[afradar] Pth. 'prior, superior, better'
'frdwm	[afradom] Pth. 'first, foremost' (often substantivised, 'the first')
*'frs'gyft	[*afrasāgīft] Pth. 'contempt, scorn (?)'
'frydg	[āfrīdag] c., pp./adj., 'blessed'
'fryn, 'pryn	[āfrīn] Pe. 'blessing, prayer, praise'
'fryn-	[āfrīn-] Pth. 'invoke blessings on, bless, pray'; pp. 'fryd, ''fryd [āfrīd] c.

'frywn	[āfrīwan] Pth. 'blessing, prayer, praise'
'frywnsr	[āfrīwansar] Pth. 'choir-master'
'fwr-, 'pwr-	[āfur-] Pe. 'invoke blessings on, bless, pray'; pp. *'fryd* (see under Pth. *'fryn-*); secondary pp. **'fwryd** [āfurīd] 'created'; inf. **'pwrydn** [āfurīdan] 'to create'
'g	[ag] Pth. 'if'
'g'(h)	[āgā(h)] Pe. 'aware'
'g'dg, ''g'dg	[āγāδag] Pth. 'wish, desire'
'g'm'y	[agāmāy] Pth. 'unwilling, unwillingly'
'gd	[āγad] Pth., pp., 'came'; used as suppletive to *'s-*
'gnd, ''gnd	[āgand] Pth., pp., 'filled, filled in'
'gnyn, ''gnyn, ''gynyn	[āginēn] Pe. 'together'
'gr	[agar] Pe. 'if'
'gr'w	[agrāw] Pe. 'noble, excellent, fine'
'gr'yh	[agrāyīh] Pe. 'fineness, nobility'
'gs, ''gs	[āgas] Pth. 'apparent, visible'
'gwc	[agož] Pth. 'side'; **hrw 'gwc** 'all sides, everywhere'
'gwd-	[ūgōd-] Pth. 'dcfilc, soil'
'gwhyšn	[āgōhišn] Pe. 'defilement'
'gwmyg	[agumēg] Pe. 'unmixed'
'gwmygyh'	[agumēgīhā] Pe., adv. in form, but used as adj., 'unmixed'
'gwstgyft	[āγustagīft] Pth. 'defilement'
'gwz, ''γwz	[āγōz] Pth. 'covering, envelopment, encirclement; enclosure'
'gyrd	[agird] Pe. 'unploughed, untilled'
'h-, h-	[ah-, h-] c. 'be', main vb. and auxiliary
'h'd	[ahād] Pth., a form from *'h-* (q.v.), used as main vb. 3 sg. present 'is', and auxiliary with pp.
'h'r	[āhār] Pth. 'food'
'h'z	[ahāz] Pth., a form from *'h-* (q.v.), used as main vb. 3 sg. present and past, and auxiliary with pp.
'hlmwg	[ahlamōg] Pe. 'heretic'
'hlw	[ahlaw] Pe. 'just, righteous'
'hnwn	[ahanūn] Pe. 'now'
'hnwnc	[ahanūnz] Pe. 'still, yet'
'hr'm	[ahrām] Pe. 'raising up' (used of the physical redemption of light)

'hr'm-   [ahrām-] c., trans., 'lift up, raise'; intrans. 'rise
                   up, ascend'; pp. **'hr'ft, 'hr'pt** [ahrāft] Pe. 'raised
                   up; rose up'; secondary pp. **'hr'm'd** Pth.; inf.
                   'hr'ptn Pe.

'hr'myšn   [ahrāmišn] Pe. 'raising up, redemption'

'hr's   [ahrās] Pth. 'fear, terror'

'hr's'd   [ahrāsād] Pth., secondary pp., 'frightened, terri-
                   fied'

'hrmyn   [ahremen] c. 'the Hostile Spirit, the Devil'

'hrywr   [ahrewar] c. 'pit of death, deadly pit'

'hwg, ''hwg¹   [āhūg] Pe. 'deer, gazelle'

'hxt   see under *'hynz-*

'hy   [ahy] Pe. 'beginning'; **'c 'hy** 'in the beginning';
                   adv. 'first'

'hy'n   Pth.,?

'hy'ng   [ahyānag] Pth. 'nest'

'hyd, ''hyd   [āhīd] Pe. 'state of being ashamed, sullenness (?)'

'hydgr   [āhīdgar] Pe. 'one who pollutes, corrupts'

'hyng   [ahēnag] Pe. 'ancient, former'; as pl. subst.
                   'men of old'

'hynz-   [āhenz-] Pe. 'draw, draw up'; pp. **'hxt** [āhaxt]

'jdh'g   [ažðahāg] Pth. 'dragon'

'jwn, ''jwn   [āžōn] Pth. 'rebirth'

'jy-, ''jy-   [āžay-] Pth. 'be reborn'

'lxsyndrgyrd   [alaxsindargird] place name in Pe., 'Alexandria
                   (in Egypt)'

'm'   see *'m'h*

'm'br   [amābar] Pth. 'in the future, hereafter'

'm'h, 'm'   [amā(h)] c. 'we, us'

'm'xš-   [āmāxš-] Pe. 'plough, till'

'mb'γ   [ambāγ] Pth. 'competitor, rival, foe'

'mb'r-   [ambār-] Pth. 'fill'

'mb'rg   [ambārag] Pth. 'store-house, store'

'mbst   [ambast] Pth., pp., 'fell down, collapsed'

'mbwy'd   [ambōyād] Pth., secondary pp., 'kissed'

'md   [āmad] Pe., pp., 'came'. Used as a suppletive
                   to *''y-*, q.v.

'mdyšnyh   [āmadišnīh] Pe. 'coming'

'mhr'spnd'n, mhr'spnd'n   [(a)mahrāspandān] Pe., pl., Zor. religious
                   term, 'the Bounteous Immortals', used for

the 5 Light Elements imprisoned in matter; and for the Elect, as beings of Light

'mšt	see under *'mz-*
'mw	[*ammō] c., pr. name
'mwc-	[ammōž-] Pth. 'teach, instruct'; inchoat. as pass. **'mwxs-** [ammōxs-] 'be taught'
'mwc'g, 'mwcg	[ammōžāg] Pth. 'teacher; Teacher (title of high dignitary in the Man. church)'
'mwg	[ammōg] Pth. 'teaching, doctrine'
'mwjd, ''mwjd	[āmužd] Pth. 'mercy'
'mwjdyft	[āmuždīft] Pth. 'mercifulness'
'mwrd-, 'mwrt-	[amward-] c., in Pe. 'turn, turn towards', in Pth. 'bring together, gather, collect'; pp. **'mwšt** [amwašt] c. 'gathered together, brought together'
'mwrdn	[amwardan] Pth. 'place of assembly, assembly'
'mwrdyšn	[amwardišn] Pth. 'collecting, collection'
'mwrzyd	[āmurzīd] Pe., pp., 'pitied'
'mwst	[amwast] Pth., pp./adj., 'having believed, believing, faithful, devout'; as subst. 'believer', sometimes a synonym for the Elect
'mwstyg'n	[amōstīgān] Pth. 'firm, strong'
'mwšt	see under *'mwrd-*
'mwštg	[amwaštag] Pth. 'gathered, collected'
'mwxš-	see under *'mwc-*
'mwxtg	[ammōxtag] Pth. 'taught; learned'
'myn	[āmen] c. 'amen'
'myxs-, ''myxs-	[āmixs-] c., inchoat. as pass., 'be mixed'; pp. **'myxt, ''myxt** [āmixt]; inf. *'myxtn
'myzyšn	[āmēzišn] Pe. 'mixture'
'mz-	[āmaz-] Pth. 'break, destroy'; pp. **'mšt** [āmašt]; inf. **'mštn**
'n	[an] Pe., pro. 1 sg., 'I'; once **'ny**, h 6 (see notes)
'n'by'd	[anaβyād] Pth. 'unremembered, forgotten'
'n'd	[anād] Pe. 'was', as auxiliary with pp.; pl. **'n'nd** 'were', as main vb. and auxiliary with pp.
'n'g	[anāg] Pe. 'evil, wicked'
'n'g-kwnyšn	[anāg-kunišn] Pe., adj., 'of evil action, wicked'
'n'gyh	[anāgīh] Pe. 'evil, wickedness'
'n'gyhgwmyg	[anāgīhgumēg] Pe., adj., 'mixed with evil'

'n'm- [ānām-] Pe. 'remove, drive away'; pp. **'n'pt** [ānaft]

'n'mwrzyg [anāmurzīg] Pe. 'pitiless'

'n'mwrzygyh [anāmurzīgīh] Pe. 'pitilessness'

'n'nd see under *'n'd*

'n'przptg [anāfrazaftag] Pe. (late text) 'unfinished'

'n'pt see under *'n'm-*

'n'rz'n [anarzān] Pe. 'unworthy'

'n's'g [anāsāg] Pth. 'numberless'

*'n'spyn [*anaspēn] Pe. 'ceaselessly, relentlessly'

'n'w- [ānāw-] Pth. 'set in motion, move'; secondary pp. **'n'w'd**

'n'wdyr [anāwidēr] Pe. 'not passing, abiding'

'n'wrd [anāward] Pth. 'endless'

'n'y [*anē] Pe. 'yet, but, otherwise'

'n'z'r [anāzār] Pth. 'without harm, not harming'

'nd [and] Pe. 'so much, so many'

'nd'g [andāɣ] Pth. 'sorrow, grief'

'nd'ɣyn [andāɣēn] Pth. 'sorrowful, sad'

'nd's- [andās-] Pth. 'leave, abandon'; **'st'r 'nd's-** 'forgive sin'; secondary pp. **'nd's'd**

'ndq [andak] Pe. 'little, a little'

'ndm- [andam-] Pth. 'sigh; bleat (of sheep)'

'ndr [andar] c. 'in'

'ndrbyd [andarbed] Pth. 'mediator'

'ndrw'z [andarwāz] c. 'air'

'ndrw'zyg [andarwāzīg] Pth. 'of the air'

'ndrwn [andarōn] Pe., adv., 'within, inwardly'; also adj. 'inner'

'ndrxt [andraxt] Pe., pp., 'defeated'

'ndrxtg [andraxtag] c., pl. only, 'the condemned, damned'

'ndryn [andarēn] Pth. 'inner, interior'

'ndrynj- [andrenǰ-] Pth. 'defeat, condemn'; secondary pp. **'ndrynj'd**

'ndryw'd [?] Pth., pp., ?, byc I

'ndrz [andarz] c. 'precept, command'

'ndwm [andom] Pe. 'so long, as long'; **'ndwm ... d'** 'as long as, until'

'ndyš- [andēš-] Pth. 'think, intend, plot; think about (*pd*)'; secondary pp. **'ndyš'd**

'ndyšt	[andišt] Pth., pp., 'tied up'
'ndyšyšn	[andēšišn] Pth. 'thought, intelligence'; the 4th limb of the Soul
'ng'f'd	[angāfād] Pth., pp., 'torn, lacerated'
'ng'm	[angām] Pe. 'process of law (?)'
'ng'r, 'nng'r	[angār] Pe. 'reckoning (?)'
'ng'wg	[angāwag] Pth. 'end'
'ngd	[angad] c. 'finished, complete; fulfilled, happy, rich'
'ngdg	[angadag] Pth. 'complete, perfect'
'ngw-	[angaw-] Pth. 'find rest, rest, remain'; pp. **'ngwd** [angūd] 'remained, ceased'
'ngwn	[angōn] Pth. 'cessation, rest, peace'
'ngwšydg	[angōšīdag] Pe. 'likeness, manner, way'
'nj'myšn	[anjāmišn] Pth. 'completion, fulfilment'
'njmn	[anjaman] Pth. 'gathering, assembly, community'
'njwgyft	[anjūgīft] Pth. 'anguish, distress'
'njyw'd	[anjīwād] Pth., secondary pp., 'given life to, saved'
'njywg	[anjīwag] Pth. 'life-giver, saviour'
'nmbr-	[anambar-] Pth. 'be gathered together' (?)'
'nng'r	see 'ng'r
'nrgypt	[anarɣīft] Pth. 'worthlessness, indignity'
'nw'y	[anwāy] Pth. 'according to, corresponding to'
'nwd'n	[*anūdān] Pe. 'ceaselessly (?)'; or 'without refuge (?)'
'nwdg	[*anōdag] Pe. 'strange, alien'; pl. as subst. 'strangers'
'nwh	[anōh] Pe. 'there'
*'nwryd	[?] Pth. 'boundless (?)'
'nwšg	[anōšag] c. 'immortal'
'nwšgyh	[anōšagīh] Pe. 'immortality'
'nwšyn	[anōšēn] Pth. 'ambrosial, sweet'
'ny	[any] c. 'other, next'; often with suff. -c, **'nyc**, **'nyz**
'nyl	[anēl] Semitic pr. name in Pe.
'nyr'n	[anērān] Pe. 'Non-Iran, foreign lands'
'pdn, 'bdn	[*appaδan] Pth. 'palace'
'pr[1]	[appar] c. 'predatory, thievish'; pl. as subst., name of a class of demons

'pr²   [appar] Pe. 'theft, robbery'

'pr-   [appar-] Pe. 'carry off, steal'

'pr'h   see *'fr'h*

'prdr   [appardar] Pe., comp. adj., 'more predatory, more thievish'

'prgyh   [apparagīh] Pe. 'thievishness (?)'

'prs'gyh   [*afrasāgīh] Pe. 'contempt, scorn (?)'

'pryd, 'prydg, 'pryn   see *'fᵒ*

'prynsr   [āfrīnsar] Pe. 'choir-master'

'pryy   [apparī] Pe. 'theft, robbery (?)'

'ps'yh-   [afsāyīh-] Pe. 'be put under a spell, enchanted'

'pswn   [afsōn] Pe. 'spell, enchantment'

'pt'b   [āftāb] Pe. 'sunshine'

'pwr, 'pwwr   [āfur] Pe. 'creation'

'pwr-   [appur-] Pe. 'carry off, steal'; pp. **'pwrd** [appurd]

*-'pwrdg   [*āpurdag] Pe. 'guilty (?)'

'pwryšn   [āfurišn] Pe. 'praise, hymn of praise'

'pyd   [apēd] Pth. 'departed, vanished'

'pydg   [apēdag] Pth. 'lost, strayed'

'r'm, ''r'm   [ārām] Pth. 'abode'

'rb   [ārab] Pe. 'alpha, the first letter of the alphabet'

'rd'w   [ardāw] c. 'just, righteous'; used sometimes as a synonym for the Elect

'rd'wyft   [ardāwīft] Pth., abstract as coll., 'community of the righteous' i.e. the Man. church

'rd'wyftyg   [ardāwīftīg] Pth. in a Pe. text, adj., 'of the community of the righteous'

'rd'yyh   [ardāyīh] Pe. 'justice, righteousness'; abstract as coll., 'community of the righteous' i.e. the Man. church

'rdβ'n   [ardabān] pr. name in Pe.

'rdhng, ''rdhng   [ārdahang] Pe., but also in Pth., title of one of Mani's books

'rdyg   [ardīg] Pe. 'battle'

'rdyqkr   [ardīkkar] Pe. 'warlike, striving'; as subst. 'warrior, combatant'

'rg, ''rg   [ārag] c. 'side'

'rg'w   [arγāw] Pth. 'noble, fine, pleasing'

'rg'w-n'm   [arγāw-nām] Pth. 'of noble name'

'rg'wyft   [arγāwīft] Pth. 'honour, respect; majesty, state'

*'rg'wystr	[aryāwistar] Pth. 'nobler, noblest'
'rj'n	[aržān] Pth. 'worthy'
'rk	[ark] place name in Pe. 'Argi'
'rm's	[armās] Pe. 'hardest metal, steel'
'rsny''h	[*arseniyāh] Greek pr. name in Pth., 'Arsenoe'
'rw'n	[arwān] Pth. 'soul'
'rws-	[ārwis-] Pth. 'turn towards, turn to, face'
'rwy	[arōy] Pe. 'plants, herbs'
'ry'm'n	[aryāmān] Pe. 'friend', used as an epithet of Jesus
'ry'nš'	[aryān-šā] pr. name in late Pe.
'ryšk	[arišk] Pe. 'envy'
'rz'n	[arzān] Pe. 'worthy'
's-, ''s-	[ās-] Pth. 'come'; suppletive pp. **'gd**, q.v.
's'g	[asāg] Pe. 'numberless'
's'm'n	[asāmān] Pe. 'unbounded'
'sk'dr	[askādar] Pth. 'higher'
'sm'n, ''sm'n	[āsmān] c. 'sky'
'sm'ng	[āsmānag] Pth., adj., 'of the sky'.
'sng, 'snng	[asang] Pth. 'stone'
'sp's	[aspās] c. 'service'
'spšwn	[aspšōn] Pe. 'horse-whip, whip'
'sryšt'r	[*asrēštār] Pe. 'arch-demon, arch-fiend', a class of demons
'st¹	[ast] c. 'he/it is', cf. **'h-**
'st²	[ast] Pe., subst., 'that which is, the present', c 2; aq 3
'st³	[ast] Pth., in the phrase **'st 'h-** 'dwell, abide', cu 28, 29
'st⁴	[ast] Pe. 'bone'
'st'ng, ''st'ng	[āstānag] c. 'threshold', an astronomical technical term for one month
'st'r	[āstār] c. 'sin'
'st'rg	[astārag] Pth. 'star, planet'
'st'rgr	[āstāragar] Pth. 'sinner'
'stg	[astag] Pe. 'bone'
'stw'n, ''stw'n	[āstwān] Pe. 'professing'
'stwnd, ''stwnd	[āstwand] Pe. 'substantial, corporeal, material'
'styh	[astīh] Pe. 'being, existence'
'swn, ''swn	[āsun] Pth. 'iron'

'swnyn	[āsunēn] Pth. 'of iron'
'sym	[asēm] Pe. 'silver'
'šk'rg	[āškārag] c. 'plain, apparent'
'šm'h, 'šm'	[ašmā(h)] c., pro. 2 pl., 'you'
'šm'ryh-	[ašmārīh-] Pe., pass., 'be counted, reckoned'
'šn's-	[ašnās-] Pe. 'recognize, understand'
'šnw-	[ašnaw-] Pe. 'hear'; pp. **'šnwd** [ašnūd]
'šnw'g	[ašnawāg] Pe. 'one who hears, hearer'
'šnwyšn	[ašnawišn] Pe. 'hearing'
'šwb, ''šwb	[āšōb] Pth. 'turmoil, disturbance'
'šwbgryft	[āšōbgarīft] Pth. 'turmoil, disturbance'; the 4th Dark Dominion
'šyft, ''šyft	[āšift] Pth., pp., 'troubled, vexed'
'šyj'd	Pth., pp., ?
'šynzyh-	[āšinzīh-] Pe., pass., 'be drawn up' (with **'wl**)
'šyxt	[āšixt] c., pp., 'sprinkled, poured'
'w	[ō] c. 'to, at, in'; used also before the direct object
'w'c-	[āwāz-, Pe., āwāž-, Pth.] c. 'call'
'w'gwn	[awāγōn] Pth. 'of such a kind, in such a way, so'; **'w'gwn … cw'gwn** 'even as … so'
'w'hm'n	[awāhmān] Pe. 'so-and-so, such a one'
'w'hs	[*awāhas] Pth. 'now (?)'
'w'm¹, ''w'm	[āwām] Pe. 'time, space of time; age, epoch; point of time, occasion'
'w'm²	[aw(w)ām] Pe. 'trouble, labour'
'w's	[awās] Pth. 'now'
'w'st	see under *'w'y-*
'w'wryg	[awāwarīg] Pth. 'unbelieving, sceptical'
'w'y-	[āwāy-] c. 'lead to, bring'; **dybhr 'w'y- 'w** … 'bring anger to' i.e. 'be angry with'; pp. **'w'st, ''w'st** [āwāst]
'wb'r-	[ōbār-] Pe. 'swallow'; pp. **'wb'rd** [ōbārd]
'wb'y-	[ōbāy-] Pe. 'defend, protect, guard'; secondary pp., caus., **'wb'ynyd** [ōbāyēnīd] 'made to protect'
'wbd'r	[ubdār] Pe. 'crucified'
'wbyst	[ōbist] Pe., pp., 'fallen down, fallen'
'wd, 'wt	[ud] c. 'and'; with suff. pro. sg. 1, **'wm**; 2, **'wt**; 3, **'wš**; pl. 1, **'wm'n**; 2, **'wt'n**; 3, **'wš'n**; with sg. 1 and pl. 3, **'wmyš'n**

'wd'y-   [udāy-] c. 'help, save'; secondary pp., **'wd'y'd**,
                Pth.

'wd'yšn   [udāyišn] Pe. 'help'

'wdyn   [*āwadīn] Pth. 'as long as'

'wdyryšnyg   [awidīrišnīg] Pe. 'unchanging, abiding'

'wft'dg   [ōftādag] Pe. 'fallen, lying about'

'wh[1], 'wwh   [ōh] c. 'thus, so'

'wh[2]   [ōh] c., interjection 'O!' (in verse only)

'wh'y   [*ōhāy] Pe. 'perhaps'

'whbyh   [ōh-bēh] Pe. 'so be it!'

'whng   [ōhang] Pe. 'sorrow'

'whnngyn   [ōhangēn] Pe. 'sorrowful'

'whr-, 'whyr-, ''whr-[2]   [ōhar-/ōher-] Pe. 'arise, ascend'

'whrmyzd, 'wrmyzd   [o(h)rmezd] c. 'Ohrmazd', used as pr. name of
                the First Man; compounded with *bg*, *by*, q.v.;
                'whrmyzdby m'd, Pe., 'Mother of the First
                Man', a name for the Mother of Life

'whrmyzdbgyg   [ohrmezdbaγīg] Pth. in Pe. text 'of the god First
                Man'

'whwb   [ōhub] Pth. 'just so'

'why'   [ohyā] Semitic pr. name in Pe., one of the
                Giants

'whyr-   see *'whr-*

'wjn-   [ōžan-] Pth. 'kill, slay'; pp. **'wjd** [ōžad]

'wjy'n   [ōžayān] Pth. 'slaughter'

'wl   [ul] Pe. 'up'

'wm, 'wm'n   see under *'wd*

'wmws'd   [ōmūsād] Pth., pp., 'begun, incited (?)'

'wmwšt, 'wmšt   [ōmušt] Pe., pp./adj., 'freed, redeemed'

'wmyš'n   see under *'wd*

'wn   [ōn] c., interjection, 'O!' (in verse only)

'wnglywn   [ewangelyōn] c., Greek l.w., 'Evangel, Gospel'

'wnglywnyg   [ewangelyōnīg] Pe. 'of the Gospel'

'wr, ''wr   [awar] Pth., adv., 'here'; c., used as vb., imp.
                sg. 2, 'come!'; with suff. pro. sg. 2, **'wrt, ''wrt**,
                Pth. only, 'here by thee' i.e. 'come thou!'; with
                verbal ending -*yd*, imp. pl. 2, **'wryd** 'come ye!'

'wr-, ''wr-   [āwar-] c. 'bring, carry'; pp. **'wrd, ''wrd** [āwurd]

'wrjwg   [āwaržōg] Pth. 'desire, lust'

'wrt   see under *'wr*

ʾwrwʾhmy(y)	[urwāhmī] Pe. 'joy'
ʾwrwʾhmygr	[urwāhmīgar] Pe. 'joy-giving'
ʾwrwʾr-	[?] Pe. 'adore (?)'
ʾwrwʾryn-	[?] Pe., caus., 'cause to adore (?)'
ʾwrwn	[*ōrrōn] Pe. 'hither; nearer'
ʾwrwntr	[*ōrrōntar] Pe. 'nearer'
ʾwrwr	[urwar] Pe. 'plants'
ʾwryšn	[*āwarišn] Pe. 'dwelling-place'
ʾwrzwg	[āwarzōg] Pe. 'desire, lust'
ʾwrzwg-nyʾm	[āwarzōg-niyām] Pe. 'being a sheath for lust, clothed in lust'
ʾwrzwgyn	[āwarzōgēn] Pe. 'lustful'
ʾwsnyndyft	[ōsanēndīft] Pth. 'descent'
ʾwst-	see *ʾwyst-*
ʾwstyg	[ōstīg] Pth. 'firm, stable'
ʾwsxt	[ōsaxt] Pth., pp., 'descended'
ʾwš¹, ʾwšy	[uš(i)] c. 'consciousness, awareness'
ʾwš², ʾwšʾn	see under *ʾwd*
ʾwšybʾm	[ušebām] Pe. 'dawn'
ʾwt, ʾwtʾn	see *ʾwd*
ʾwwd	[ōδ] Pth. 'there'
ʾwx¹	[ōx] Pe. 'existence, life'
ʾwx²	[ōx] Pe. 'mind'
ʾwxyst	[ōxist] Pe., pp., 'descended'
ʾwy¹	[awē/ōy] Pe., dem. adj., 'that'; definite article 'the'; pers. pro. sg. 3 'he, she, it'; pl. **ʾwyšʾn, ʾwyn**
ʾwy²	[ōy] Pe. 'there'
ʾwynd	[awend] Pth. 'so much, so many, so great'
ʾwyrd	[awird] Pe., pp., 'entered'
ʾwyst-, ʾwst-	[awest-] Pth. 'put, place, lay'; secondary pp. **ʾwystʾd¹, ʾwstʾd**
ʾwystʾd²	[awestād] Pe. 'master'
ʾwystʾm¹	[awestām] c. 'province; region, place'
ʾwystʾm²	[awestām] Pth. 'support, prop' (see further under *dst¹*)
ʾwystwʾr	[awestwār] Pe. 'firm, reliable'; as subst. 'elder (of the family), guardian'
ʾwyš	[awiš] Pe. 'to him/it'; postp. 'to'
ʾwyšʾn	see under *ʾwy¹*

’wyšt-	[awišt-] Pth. 'stand'; secondary pp. **’wyšt’d** 'stood'; also 'been'
’wyšt’b	[awištāb] Pe. 'oppression, tyranny'
’wyšt’bydgyyh	[awištābīdagīh] Pe. 'oppression'
’wyšt’byšn	[awištābišn] Pth. 'oppression, harrying'
’wyšt’ptg	[awištāftag] Pe. 'oppressed'
’wyštn	[*ōyštan] Pe. 'life-force, energy (?)'
*’wyyšt’n’d	[awištānād] Pth., secondary pp., caus., 'set, placed, put'
’wyzm’h	see *’wzm’h*
’wyzxt	see *’wzxt*
’wz‘yy	[uzzi] Semitic pr. name of a Man. Teacher
’wzd	see under *’wzn-*
’wzdh, ’wzdyh	[uzdeh] Pe. 'exiled'
’wzdh’g	[uzdahāg] Pe. 'dragon'
’wzdys	[uzdēs] c. 'image, icon; idol'
’wzdysc’r	[uzdēsčār] Pe. 'image-hall, idol-temple'
’wzdyspryst	[uzdēsparist] Pe. 'image-worshipper, idolator'
’wzm’h, ’wyzm’h	[awezmāh] Pe. 'lewdness, lust'
’wzm’h-	[awezmāh-] Pe. 'be lewd, lustful'; secondary pp. **’wzm’hyd**
’wzm’hgyn	[awezmāhgēn] Pe. 'lewd, lustful'
’wzm’hwr	[awezmāhwar] Pe. 'lewd, lustful'
’wzn-	[ōzan-] Pe. 'kill'; pp. **’wzd** [ōzad]; inf. **’wzdn**
’wzxt, ’wyzxt	[awezaxt] Pe., pp./adj., 'pardoned'; as subst. 'the pardoned'
’wzxtyy, ’wyzxtyy	[awezaxtī] Pe. 'pardon'
’wzy’n	[ōzayān] Pe. 'killing, slaughter'
’wzyd	see under *’wzyh-*
’wzyd’r	[ōzīdār] Pth. form in Pe. 'harmful'
’wzyh-	[uzīh-] Pe. 'leave, depart, go out'; pp. **’wzyd** [uzīd]
’wzynyšn	[uzēnišn] Pe., v.n., 'causing to depart [i.e. from the cycle of rebirth], delivering, redeeming'
’x’št	see under *’xyz-*
’x’z-	[āxāz-] Pth. 'fight, do battle'; cf. *’xyz-*
’xš’d	[axšād] Pe. 'troubled, distressed'
’xš’dyh	[axšādīh] Pe. 'suffering, distress'
’xšd	[axšaδ] Pth. 'pity, mercy'
’xšd’g	[axšaδāg] Pth. 'pitying, merciful'

'xšwz	[axšōz] Pe. 'desirous'
'xšwzyh	[axšōzīh] Pe. 'desire'
'xšwzyhyst	[axšōzīhist] Pe., secondary pp. from pass. stem, 'made desirous'
'xšy-	[āxšy-] Pth. 'be heard'; secondary pp. 'xšy'd
'xšyn-	[āxšīn-] Pe. 'hear'; pp. 'xšyd [āxšīd]
'xšynd	[axšēnd] Pth. 'prince'
'xtr	[axtar] c. '(fixed) star; constellation, sign of the zodiac'
'xwr-	[āxwar-] Pth. 'eat; consume, devour (of a fire)'
'xwrn	[*āxwaran] Pth. 'meal, banquet'
'xyz-	[āxēz-] c. 'rise, rise up'; pp. 'xyst [āxist] Pe., 'x'št [āxāšt] Pth.
*'xyzyn'd	[āxēzēnād] Pe., secondary pp., caus., 'raised up'
'y'b	[ayāb] Pe. 'or'
'y'd	[ayād] Pe. 'memory'
'y'dg'ryh	[ayādgārīh] Pe. 'remembrance'
'y'g, ''y'g	[āyāg] Pe. 'comer' (cf. ''y-)
'y'rd-	[ayārd-] Pe. 'be distressed, tormented; suffer'
'y'rdyšn	[ayārdišn] Pe. 'distress, torment'
'y's-	[ayās-] Pe. 'remember'; pp. 'y'st
'y'syšn	[ayāsišn] Pe. 'memory'
'yd¹, 'yd¹	[ēd] c., dem. adj. and pro., 'this'; 'yd r'y/'yd r'd 'on account of this, because'
'yd², 'yd²	[ēd] Pth. 'here'
'yd'wn	[ēda'ōn] Pe. 'thus, so'
'ydr	[ēdar] Pe. 'here'
'ydr'd	[ēdrāδ] Pth. 'for this, because of this' (cf. 'yd)
'yg	[ēg] Pe. 'then'
'ynyh	[ēnīh] Pe. 'similarity'
'yr	[ēr] Pe. 'down, below'
'yrd	[*erad] Pe. 'here' (twice, by metathesis from 'ydr?)
'yrdr	[ērdar] Pe., comp. adj., 'lower'
'yrdst	[ērdast] Pe. 'underling, vassal'
'yrdwm	[ērdom] Pe., superl. adj., 'lowest'
'yrg	[ērag] Pe. 'south'
'yrgyg	[ēragīg] Pe. 'southern'
'yrgyh'h	[ēragīhā] Pe. 'southerly'
'yrnj'g	[ēranjāg] Pth. form in Pe. text, 'conqueror'

’yrnz-	[ēranz-] Pe. ‘conquer, defeat’; pp. **’yrxt** [ēraxt]
*’yrnz’g	[ēranzāg] Pe. ‘conqueror’
’yrp’y	[ērpāy] Pe. ‘underfoot, spurned’
’yryst	[*erist] Pe., pp., ‘having applied oneself (?)’
’yw’r	[ēwār] Pe. ‘buds (?)’
’ywšt, ’’ywšt	[āyušt] Pth., pp., ‘agitated, disturbed’
’ywštg, ’’ywštg	[āyuštag] c. ‘agitated, turbulent’
’ywštgyh’	[āyuštagīhā] Pe. ‘in agitation, violently’
’ywyn	[ēwēn] Pe. ‘custom’
’ywyng	[ēwēnag] Pe. ‘manner, kind, fashion’
’ywz, ’’ywz	[āyōz] c. ‘disturbed, aroused’
’yy¹	[*ay] c., interjection, ‘O’
’yy²	[*ay] Pth. ‘thou art’, indicative pres. sg. 2 of *’h-*
’z¹	see *’c*
’z²	[az] Pth., pro. sg. 1, ‘I’
’z’d, ’’z’d	[āzād] c. ‘noble; free’
’z’dyft, ’’z’dyft	[āzādīft] Pth. ‘freedom, liberty’
’z’dyh, ’’z’dyh	[āzādīh] Pe. ‘freedom, liberty’
’zd	[azd] c. ‘known, public’
’zdh’g, ’wzdh’g	[azdahāg, uzdahāg] Pe. ‘dragon’; used of the nodes of the moon, y l.
’zdygr	[azdegar] c. ‘messenger, herald’; **’zdygr yzd** ‘Herald God’, a name for the divinity Answer (cf. Pth. **pdw’xtg yzd**)
*’zdyh-	[azdīh-] Pe. ‘be made aware (?)’
’zm’n	[azamān] Pe. ‘timeless’
’zwš	see under *’c*
’zygr, ’’zygr	[āzegar] Pe. ‘greedy, lustful’
’zyh-	[azih-] Pth. ‘go forth, leave, depart’
’zynd, ’’zynd	[āzend] Pe. ‘parable, story’
’ž	see *’c*
‘db’g	[iδβāγ] Pth. ‘-fold’ (with numerals)
‘dgd	[idγad] Pth., pp., ‘entered’ (suppletive to *’dyh-*)
‘frg’r	[ifragār] Pth. ‘be oppressed’
‘fry’ng	[ifryānag] Pth. ‘beloved’
‘jgnd	[ižgand] Pth., once also in Pe., ‘messenger’
‘skd	[iskad] Pth. ‘thorns’
‘skwh	[iskōh] Pth., once also in Pe., ‘poor’
‘skym	[iskēm] Pth. ‘form, shape, outward show (?)’

ʿspʾd	[ispāδ] Pth. 'army'
ʿspʾs	[ispās] Pe. 'service'
ʿspʾsyg	[ispāsīg] Pe. 'servant, attendant'
ʿspʾw	[ispāw] Pth. 'terror'
ʿspʾw-	[ispāw-] Pth. 'terrify, affright'
ʿspgjyh	[ispagjīh] Pe. 'slander'
ʿspr	[ispar] c. 'shield'
ʿsprhm	[isprahm] c. 'flower'
ʿsprhmʾwynd	[isprahmāwend] Pth. 'flowery, full of flowers'
ʿsprhmcʾr	[isprahmžār] Pth. 'garden'
ʿsprhmg	[isprahmag] c. 'flower'
ʿsprhmyn	[isprahmēn] Pth. 'of flowers, flowery'
ʿspsg¹	[ispasag] Pth. 'servant'
ʿspsg²	[ispasag] c. 'bishop'
ʿspwh-	[ispōh-] Pth. 'be terrified, frightened'
ʿspwr	[ispurr] c. 'full, complete, perfect'
ʿspwrgʾr	[ispurrgār] Pe. 'perfecting, becoming perfect'
ʿspwrgʾryh	[ispurrgārīh] Pe. 'completion, fulfilment'
ʿspwryg	[ispurrīg] Pth. 'full, complete, perfect'
ʿspwryhʾ	[ispurrīhā] Pe. 'fully, completely'
ʿspwxt	[ispōxt] Pe., pp., 'pressed, thrust'
ʿspxr	[ispaxr] Pe. 'banquet, revelry'
ʿspyd	[ispēd] c. 'white'
ʿspydpr	[ispēdparr] Pe. 'white-feathered'
ʿspyg	[ispīg] Pe. 'radiance'
ʿspynj	[ispinj] Pth. 'halting-place, abiding-place'
ʿspyr¹	[ispīr] Pth. 'globe, sphere'
ʿspyr²	[ispēr] Pth. 'troop of soldiers, soldiery, army'
ʿspyst	[*ispist] Pth. 'violent, abusive'
ʿspystwʾg	[*ispistwāg] Pe. 'violent of speech, foul-mouthed'
ʿspyšt	[ispišt] Pth., pp., 'served'
ʿspyxt¹	see under ʿspyz-
ʿspyxt²	[ispixt] c., pp./adj., 'bright, shining, radiant'
ʿspyxtʾn	[ispixtān] Pe., pl. as subst., 'radiance, splendour' as attribute of Jesus
ʿspyz-	[ispīz-] Pe. 'shine, be bright; grow green'; pp. **ʿspyxt** [ispixt]
ʿspyzyšn	[ispīzišn] Pe., v.n., 'radiance, brightness'
ʿstʾn-	[istān-] c. 'take, take away'; pass. **ʿstʾnyh-**; pp. **ʿstd** [istad]

ʿstˀrg	[istārag] Pe. 'star'
ʿstˀw-	[istāw-] Pth. 'praise'; secondary pp. **ʿstˀwˀd**
ʿstˀwˀdg	[istāwādag] Pth. 'praised'
ʿstˀwyšn	[istāwišn] Pth. 'praising, praise'
ʿstˀy-	[istāy-] Pe. 'praise'; pp. **ʿstwd** [istūd]
ʿstˀyd	[istāyīd] Pe., secondary pp./adj., 'praised'
ʿstˀydg	[istāyīdag] Pe. 'praised'
ʿstˀyšn	[istāyišn] Pe. 'praising, praise'
ʿstbr	[istabr, Pe., istaβr, Pth.] c. 'strong, firm'
ʿstbryh	[istabrīh] Pe. 'strength, firmness'
ʿstd	see under ʿstˀn-
ʿstft	[istaft] c. 'hard; firm, strong; harsh, cruel; savage, fierce'
ʿstmbgyh	[istambagīh] Pe. 'tyranny, oppression'
ʿstrb-	[istarb-] Pth. 'close with a snap, snap shut'
ʿstrtywtˀ	[istratiyōtā] Pth. 'soldier'
ʿstwbˀd	[istōβād] Pth., secondary pp., 'conquered, defeated'
ʿstwd	see under ʿstˀy-
ʿstwdnˀm	[istūdnām] Pe. 'of praised name'
ʿstwmyn	[istomēn] Pth. 'last'
ʿstwn	[istūn] c. 'pillar, column'
ʿstwr	[istōr] Pth. 'horse'; pl. 'horses, cattle'
ʿstwrmˀn	[*istūrmān] Pe. 'obstinate (?)'
ʿstwrmˀnyy	[*istūrmānī] Pe. 'obstinacy (?)'
ʿstwyqwn	[istōykun] Pe. 'one who makes defeated, conqueror'
ʿstyhˀg	[istēhāg] Pth. 'contentious'
ʿstym	[istem] Pth. 'lastly, at last'
ʿstyzgˀr	[istēzgār] Pe. 'contentious, quarrelsome'
ʿškrwst	[iškarwist] Pe., secondary pp., 'stumbled, lurched'
ʿškrywtˀh	[iškariōtā] Semitic pr. name in Pth. 'Iscariot'
ʿškwh	[iškōh] Pe. 'poor'
ʿškwhyh	[iškōhīh] Pe. 'poverty'
ʿškyb-	[iškēb-] Pth. 'be patient, wait'
ʿškybg	[iškēbag] Pth. 'patient'
ʿškyft	[iškift] c. 'hard, harsh, harshly'
ʿšmˀh	[išmāh] Pth. 'you'
ʿšmˀr	[išmār] Pth. 'number'
ʿšmg	[išmag] Pth. 'demon'

ʿšmgyft	[išmagīft] Pth., abstract as coll., 'demons'
ʿšmyrʾn	[išmīrān] Pe., pres. part. pass., 'being reckoned, accounted'
ʿšnʾs-	[išnās-] c. 'recognize, know'; inf. ʿšnʾxtn [išnāxtan]
ʿšnʾsg	[išnāsag] Pth. 'knowing, having knowledge'
ʿšnw-	[išnaw-] c. 'hear, hearken'; pp. ʿšnwd [išnūd]; inf. ʿšnwdn
ʿšnwʾg	[išnawāg] Pe. 'one who hears, hearer'
ʿšnwg	[išnūg] Pe. 'knee'
ʿšnwhr	[išnōhr] c. 'grace; gratitude'
ʿšnwhrcn	[išnōhržan] Pth. 'grateful to (ʾc)'
ʿšnwhrg	[išnōhrag] Pth. 'grateful'
ʿšt-, ʿyšt-	[išt-] Pth. 'stand; be, exist (main and auxiliary vb.)'; secondary pp. ʿyštʾd [ištād]
ʿy, ʿyg	[ī, īg] Pe., rel. pro., 'who, which'; rel. particle, the izafe; with suff. pro. sg. 1, ʿym; 2, ʿyt; 3, ʿyš; pl. 1, ʿymʾn; 2, ʿytʾn; 3, ʿyšʾn
ʿyd¹	see ʾyd¹
ʿyd²	see ʾyd²
ʿydrʾ	[*idrā] alien pr. name in Pe.
ʿydr-nʾm	[ēdar-nām] Pth. 'having the here-name', used by the writer of a letter to refer to himself
ʿydwʾy-	[ēδwāy-] Pth. 'lead'; pp. ʿydwʾst [ēδwāst]
ʿyg	see ʿy
ʿyl	[el] Semitic pr. name of angel in Pe.
ʿym¹	[im] c. 'this'; pl. ʿymyn [imīn] c., but rare in Pe.; ʿymyšʾn [imēšān] Pe. only
ʿym², ʿymʾn	see under ʿy
ʿymg	[ēmag] Pe. 'firewood'
ʿymydg	[*ēmedag] Pe. 'mediator'
ʿymyn	see under ʿym¹
ʿyn	[ēn] Pe. 'this' (no pl.)
ʿynʾwn	[*ēnaʾōn] Pe. 'in this way, thus'
ʿynk	[ēnak] Pe. 'Behold, lo!'
ʿyr	[īr] Pth. 'thing, matter'
ʿyrʾn	[ērān] Pe. 'Iran'
*ʿyrycʾn	[*ērizān] Pe. 'of Eriz (Persian Īrāj) (?)'
ʿyst-	[ēst-] Pe. 'stand; be, exist (main and auxiliary vb.)'; ʿystyh-, vb 1; secondary pp. ʿystʾd

ʿystyn-	[ēstēn-] Pe., caus., 'put, place, set'; secondary pp. **ʿystynʾd**
ʿyš, ʿyšʾn	see under ʿy
ʿyšt-	see ʿšt-
ʿyt, ʿytʾn	see under ʿy
ʿyw	[ēw] c. 'one'
ʿywbydʾn	[ēwbidān] Pth. 'one to the others, to one another'
ʿywg	[ēwag] Pth. 'solely, only'
ʿywgʾng	[ēwagānag] Pe. 'of one kind, similar'
ʿywgwhryh	[ēwgōhrīh] Pe. 'the state of being of one substance, consubstantiality'
ʿywnds	[ēwandas] Pth. 'eleven, eleventh'
*ʿywndswm	[ēwandasom] Pth. 'eleventh'
ʿywrwcg	[ēwrōzag] Pe. 'of/for one day'
ʿywsʾrg	[ēwsārag] Pe. 'of one year'
ʿywšmbt	[ēwšambat] Pth. 'Sunday'
ʿywyc, ʿywyž	[ēwiž] Pth., with *ny*, 'not a single, not one'
ʿzbʾn	[izβān] Pth. 'tongue'
ʿzdm-	[izdam-] Pth. 'gush out, gush up'
ʿzdyh	[izdeh] Pth. 'exiled, banished'
ʿzgʾm	[izɣām] Pth. 'way out, exit, escape'
ʿzgʾmyg	[izɣamīg] Pth. 'of death; funerary'
ʿzgd	[izɣad] Pth., pp., 'gone away, departed; gone forth, emanated'; inf. **zɣdn** 'to get out, escape'; used as suppletive to ʾzyh-
*ʿzgryftg	[izɣriftag] Pth. 'taken out (?)'
ʿzgwl-	[izɣōl-] Pth. 'hear, hearken'; secondary pp. **ʿzgwlʾd**
ʿzɣwlg	[izɣōlag] Pth. 'ear'
ʿzɣryft	[izɣrift] Pth., pp., 'taken away'
ʿzwʾn	[izwān] Pe. 'tongue; language, speech; call, utterance'
ʿzwʾr-	[izwār-] c. 'uncover, show; understand, apprehend, perceive'; inf. **ʿzwʾrdn** [izwārdan]
ʿzwʾryšn	[izwārišn] Pth. 'understanding'
ʿzwʾy-	[izwāy-] Pth. 'lead out, away, beyond; set free'; pp. **ʿzwʾst** [izwāst]
ʿzwrt-	[izwart-] Pth. 'turn back, return; turn into, alter, change; return to the body, be reborn'; pp. **ʿzwšt** [izwašt]

ʿzyʾh-	[izyāh-] Pth. 'gird on'
bʾ[1]	[ba] Pe., preverb, 'out, away'; used also as a particle without evident force
bʾ[2]	[ba] Pe., conj., 'but; except'; prep. 'without, except'
bʾbyl	[bābēl] place-name in Pth. 'Babylon'
bʾd	[bāδ] Pth. 'again'; **bʾd bʾd** 'again and again'
bʾm[1]	[bām] c. 'radiance, splendour'
bʾm[2]	[bām] Pth. 'reason'
bʾmdʾd	[bāmdād, Pe., bāmδād, Pth.] c. 'dawn'
bʾmyn	[bāmēn] Pth. 'radiant, splendid'
bʾmystwn	[bāmistūn] Pth. 'the Column of Glory' (cf. *ʿstwn*)
bʾmyw	[bāmēw] Pe. 'radiant, splendid'
bʾmyzd	[bāmyazd] Pth. 'the Great Builder'
bʾn, bʾʾn	see under *by*
bʾnbyšn	[bāmbišn] Pe. 'queen'
bʾr[1]	[bār] c. 'fruit'
bʾr[2]	[bār] Pe., a rhyme-word without meaning in the phrase **xwʾr ʾwd bʾr** 'food'
bʾrg[1]	[bārag] c. 'wall'
bʾrg[2]	[bārag] Pth. 'apparel, garment, dress'
bʾrg[3]	[bārag] c. 'horse, mount'
bʾrwr[1]	[bārwar] c. 'fruitful'
bʾrwr[2]	[bārwar] c. 'laden, burdened'
bʾryst	[bārist] Pe., superl. adj., 'the highest'; subst. 'the height' (often a term for Paradise)
bʾsbʾn	[bāsbān] Pe. 'watcher, guard'
bʾš	see under *bw-*
bʾš-	[bāš-] Pth. 'sing'
bʾšʾh	[bāšāh] Pth. 'hymn'
bʾt	[bāt] Semitic pr. name in Pth.
bʾw	[bāw] Pe. 'garden, orchard'
bʾwg[1]	[bāwag] Pth. 'seed, grain, fruit'
bʾwg[2]	[bāwag] Pth., subst., 'being'
bʾzwr	[bāzūr] Pth. 'wing'
bʾym	[bēm] Pth. 'Bema, feast of the Bema'
bʿyn	[bēn] Pth. 'external, outer'
bdyg	[bidīg] Pth. 'second; other'

bg¹	[baγ] Pth. 'god'; when set before proper names (of divine beings or men), an honorific 'lord'
bg²	[bag, Pe., baγ, Pth.] c. 'safe, secure'
bg'nyg	[baγānīg] Pth. 'godlike, divine'
bγ'rd	[bagard] pr. name in Pe. of female supernatural being
bgcyhr	[baγžihr] Pth. 'of divine nature, divine'
bgpwhr	[baγpuhr] Pth. 'son of God', used in sg. of Jesus; in pl. of angels and divinities
bgr'štygr	[baγrāštīgār] Pth. 'righteous God', used of the Father of Greatness
bgyft	[baγīft] Pth., abstract as coll., 'the gods'
bgystwm	[baγistom] Pth. 'most godlike'; only in the phrase **bg'n b.** 'most godlike of the gods'
bhr	[bahr] c. 'part, portion'
bn	[bann] Pe. 'bondage, prison'
bnbyd	[bannbed] Pe. 'jailer, master of a prison'
bnd	[band] Pth., but occasionally also in Pe., 'bondage, prison; bond, fetter'
bnd-	[band-] Pth. 'bind, tie on; bind, fetter'; pp. **bst** [bast]
bndg	[bandag] Pth. 'servant, slave'
bndgyft	[bandagīft] Pth. 'servitude, bondage'
bndyst'n	[bandestān] Pth. 'prison'
bng	[bannag] Pe. 'servant, slave'
bnyst'n	[bannestān] Pe. 'prison'
bnyšn	[bannišn] Pe. 'binding, tying'
br¹	[bar] Pth. 'door, gate'
br²	[bar] element in Semitic pr. names 'son'
br-	[bar-] c. 'bear, bring, carry, take; endure, experience, suffer'; pp. **bwrd** [burd]; inf. **bwrdn**
br'd	[brād] c. 'brother', nom. and voc.; in Pth. also oblique
br'dr	[brādar] c. 'brother', in the sg., oblique; in pl. for all cases. Often used of the male Elect
br'dryh	[brādarīh] c., abstract as coll., 'brothers, brethren', used of the Elect
br'z-	[brāz-] c. 'shine, gleam'; secondary pp. **br'zyst** [brāzist] Pe. only
br'z'g	[brāzāg] c., adj., 'shining'

br'zyšn   [brāzišn] Pth., v.n., 'shining, radiance'
brhm   [brahm] c. 'outward seeming, form, appearance;
                        grace, charm; apparel, garment; (correct) be-
                        haviour, propriety, morals'
brhng   [brahnag] c. 'naked'
brm-   [bram-] Pth. 'weep'
brmg[1]   [bramag] Pth., adj., 'weeping'
brmg[2]   [bramag] Pth., subst., 'weeping'
brsymws, br symws [barsimus] Semitic pr. name of an apostle
bry'n   [*briyān/biryān] Pth., adj., 'burning'
bryng   [brīnag] Pe. 'crevice'
bst   see under *bnd-* (Pth.), *byn-* (Pe.)
bstg   [bastag] c. 'bound, captive'
bšn'n   [bašnān] Pth. 'height; stature'
bšn'y   [bašnāy] Pe. 'height; stature'
bšnbyd   [bašnbed] Pe. 'master of idol temple, heathen
                        priest'
bšyhk   [bišehk] Pe. 'doctor, physician'
bšyhkyh   [bišehkīh] Pe. 'doctoring, physicking'
bw-   [baw-] c. 'become, be', main vb. and auxiliary;
                        Pe., imp. sg. **b'š**, opt. sg. **byh**; pp. **bwd, bwt**
                        [būd] c.; inf. **bwdn**
bw'n   [bawān] Pe., pres. part., 'becoming, being'
***bwbww**   [*baubo] pr. name of angel in Pe.
bwd   see under *bw-*
bwd'c'r   [bōδāžār] Pth. 'spices'
bwdg   [būdag] Pth., pp., 'having existed, existing'
bwdyst'n   [bōδestān] Pth. 'garden'
bwg   [bōγ] Pth. 'salvation'
***bwgmyg**   [bōγmēγ] Pth. 'mixed with, i.e. concerning,
                        salvation (?)'
bwj-   [bōž-] Pth. 'save, redeem'; pp. **bwxt** [bōxt];
                        secondary pp. **bwj'd**; inf. **bwxtn**; short inf.
                        bwxt, bwj'd
bwj'gr   [bōžāgar] Pth. 'saviour'
bwlnd   [buland] Pe. 'high'
bwn[1]   [bun] c. 'base, bottom, foundation; root, source,
                        origin; principle, basis'
bwn[2]   [bun] c., adj., 'basic, actual, real'
bwndg   [bawandag] Pth. 'complete, completely'

bwnγ'h	[bunγāh] Pth. 'base, foundation'
bwnyšt	[buništ] Pe. 'origin, principle'
bwr-	[burr-] Pe. 'cut, hack to pieces'
bwrd[1]	see under *br-*
bwrd[2]	[burd] c. 'patient'
bwrd-'bg'm	[burd-aβγām] Pth., adj., 'having suffered pain'
bwrdyft	[burdīft] Pth. 'patience'
bwrdyh	[burdīh] Pe. 'patience'
bwrdyšnwhr	[burdišnōhr] c. 'bearing gratitude, grateful'
bwrz	[burz] Pth. 'high, lofty; loud, loudly'
bwrz-	[burz-] Pth. 'exalt, honour'
bwrzw'r	[burzwār] Pth. 'high, lofty; height'
bwrzynd	[burzend] Pth. 'high; height'
bwrzyst	[burzist] Pth. in form, but only in Pe., 'highest'
bwrzystr	[burzistar] Pth. 'higher, greater'
bws-	[bus-] Pth. 'await, wait for'
bwt[1]	[but] Pth., rarely also in Pe., 'Buddha'
bwt[2]	see under **bw-**
bwxs-	[bōxs-] c., inchoat. as pass., 'be saved, redeemed'
bwxt	see under *bwj-* (Pth.), *bwz-* (Pe.)
bwxt'r	[bōxtār] Pe. 'saviour'
bwxtg	[bōxtag] c. 'saved'
bwxtgyft	[bōxtagīft] Pth. 'salvation'
bwxtgyh	[bōxtagīh] Pe. 'salvation'
bwy	[bōy] c. 'smell, scent; incense'
bwyst'n	[bōyestān] Pe. 'garden'
bwyy'g	[bōyāg] Pe. 'sweet-smelling, odorous, fragrant'
bwz-	[bōz-] Pe. 'save, rescue, redeem; win'; pp. **bwxt** [bōxt]; inf. **bwxtn**
***bwz'g**	[bōzāg] Pe. 'saviour'
bwzygr	[bōzegar] Pe. 'saviour'
bwzyšn	[bōzišn] Pe. 'salvation'
bxš-	[baxš-] c. 'divide, distribute, bestow'; pp. **bxt** [baxt]
bxš'g	[baxšāg] Pe. 'distributor, bestower'
bxtg	[baxtag] Pth. 'divided'
by	[bay] Pe. 'god'; pl. **b'n, b''n**
by'nyg	[bayānīg] Pe. 'divine'
by-'ry'm'n	[bay-aryāmān] pr. name in Pe.

by'syb	[?] Pe. 'leaf (of door) (?)'
byc (c.), **byž** (Pth.)	[bēz Pe., bēž, Pth.] c. 'but'; with suff. pro. sg. 1, **bycwm**; pl. 1, **bycm'n**; 2, **bycyd'n**; 3, **bycyš'n**
byd[1]	[bid] Pth. 'other, another'; ʿyw **byd** 'one another'; ʿyw 'c **byd'n** 'one from another'
byd[2]	[bid] Pth., adv., 'secondly, again; further, then, again'
bydndr	[bēdandar] Pe. 'outside'
bydwm	[bēdom] Pe. 'outermost'
byh[1]	[bēh] Pth., preverb, 'out, forth, away'
byh[2]	[bēh] Pth., adv., 'outside'; **byh** 'c 'outside of, apart from'; 'c **byh** 'outwardly'
byh[3]	[bēh] Pth., adj., 'outer'
byl'b'd	[bēlābād] Semitic place-name 'Beth-Lapat'
bylg'	[bilgā] Turkish pr. name
byn-	[benn-] Pe. 'bind, tie'; pp. **bst** [bast]
bync'r	[?] Pe. 'cottage (?)'
byrwn	[bērōn] Pe. 'outwardly'; 'c **byrwn** 'outside, without'
byš-	[bēš-] Pth. in form, but Pe. only, 'hurt, torment'
byš'c, byš'z	[bēšāz] Pe. 'doctor, physician'
byš'z'g	[bēšāzāg] Pe. 'healer'
byš'zyh	[bēšāzīh] Pe. 'doctoring, healing'
byš'zyn-	[bēšāzēn-] Pe. 'doctor, treat, heal'
byšp'rn	[bišpārn] Indian pr. name 'Viśvapāṇi'
bytdryy	[*betdaray] Semitic place-name 'Beth-Darāyē'
bywr	[bēwar] c. 'ten thousand'
byxš-	[bixš-] Pth. 'beg'
byž	see *byc*
bzg[1]	[bazag] c. 'sinful, wicked, evil'
bzg[2]	[bazag] c. 'sin, wickedness, evil'
bzgdr	[bazagdar] Pe. 'more sinful, evil'
bzgyft	[bazagīft] Pth. 'sin, wickedness, evil'
bzgyh	[bazagīh] Pe. 'sin, wickedness, evil'
bzkr	[bazakkar] c. 'sinner, evil-doer'
bzm	[bazm] c. 'meal, feast'
bzmg	[bazmag] Pth. 'lamp'
bzy'dwmyy	[*bazyādomī] Pe. 'great wickedness'
bzyšk	[bizešk] Pth. 'doctor, physician'

-c (c.), **-z** (Pe.)	[-(i)z, Pe., -(i)ž, Pth.] c., enclitic, 'also, too'
c'm-	[čām-] Pth. 'come'
c'r	[čār] Pth., impersonal, 'it is necessary', with long or short inf.
c'wn, cwn	[če'ōn, čōn] Pe., adv., 'of such a kind, in such a manner, as, how', with correlative ''wn; conj. 'as, how'; prep. 'like'; with suff. pro. sg. 1, **cwnwm**; pl. 3, **cwnyš'n**
c'wnyh	[če'ōnīh] Pe. 'nature, being'
c'wyd	[*čāwēd] Pth., prep. and postp., 'around'
c'xšyn-	[čāxšēn-] Pe. 'cause to taste'
c'yyšn	see *cyyšn*
cbwrgyy	[?] Pe., some evil quality
cβwt	[čabōt] Semitic pr. name in Pe. '(the angel) Sabaoth'
cf'r	[čafār] Pth. 'four'
cf'rδs	[čafārδas] Pth. 'fourteen'
ch'r	[čahār] Pe. 'four'
ch'rdh	[čahārdah] Pe. 'fourteen'
cm-	[čam-] Pth. 'run, move'
cmg	[čamag] Pth. 'course, movement'
cmn	[*čaman] Pth. 'hour' (cf. *jm'n*)
cn-	[čann-] Pe. 'shake, shake off'
cnd-	[čand-] Pth. 'shake (?)'
cnd	[čand] Pe. 'as many, so many'; **yk cnd** 'a few'; **yk pd cnd** 'manifold'
cnd-s'rg	[čand-sārag] Pe. 'of various kinds'
cr-	[čar-] c. 'graze'
cr'g	[čarāγ] Pth. 'lamp'
cr'h	[čarāh] Pe. 'lamp'
crb	[čarb] Pth. 'smooth, mild'
crg	[čarag] c. 'flock'
crm	[čarm] Pe. 'skin'
cšm	[čašm] c. 'eye'; with suff. pro. pl. 1, **cšm'n** [čašmmān], br l.
cšmg	[čašmag] c. 'fountain, spring'
cšmg'h	[čašmagāh] Pe. 'visible, conspicuous'
cšm-pdyšt	[čašm-padišt] Pth. 'place of the eye, eye-socket'
cšmwr	[čašmwar] Pe. 'sighted, seeing, one who sees'
cw'gwn	[čawāγōn] Pth., adv., 'of such a kind, in such

	a manner, as, how', with correlative *'w'gwn*; conj. 'as'; prep. 'like'; **cw'gwn kd**, compound prep., 'like'
cwhr	[*čuhr] Pth., postp. with *c'wyd*, 'round about'
cwhrb'd	[čuhrbāδ] Pth. 'quadruped, animal'
cwhrm, cwhrwm	[čuhrom] Pth. 'fourth'
cwnd	[čwand, čond] Pth. 'as much as; so much, so many, several'
cwnwm, cwnyš'n	see under *c'wn*
cxš'byd	[čaxšābed] Pth. 'precept, command'
cy[1] (c.), **tšy**[1] (Pth.)	[če/čē] c., interrog. pro., 'what'; interrog. adj. 'what'; rel. pro. 'which, what'; Pth. only 'who' (rare); as rel. particle, once in Pe. (aa 4), regularly in Pth. As pro. frequently takes suffixed pronouns: sg. 1, **cym**; 2, **cyd** (Pth.); 3, **cyš**; pl. 1, **cym'n**; 3, **cyš'n**
cy[2] (c.), **tšy**[2] (Pth.)	[če/čē] c., conj., 'for, because'; **'yd r'y cy** (Pe.), **'yd r'd cy** (Pth.) 'for that, because', i.e. 'because'. The conj. also frequently takes suff. pronouns, cf. *cy*[1]
cy-	[čay-] Pe. 'mourn, grieve, be troubled'
cy'g	[čayāg] Pe., v.n., 'mourning, grieving'
cybg	[čĭbag] Pe. 'conceit, folly (?)'
cyd[1]	[čĭd] Pth. 'always, ever'
cyd[2]	see under *cy*[1]
cydyg	[čĭdīg] Pth. 'spirit, one of a group of divine beings'
cyhr	[čihr] c. 'nature, essence, being; seed, kindred; (beautiful) form'
cyhrg	[čihrag] Pth. 'nature, essence, being; (beautiful) form, appearance; aspect, appearance, guise'; with suff. pro. sg. 1, **cyrgwm**
cy-k'rg	[čē-kārag] Pe., adj., 'having what work, of what work'
cyl'n	[čĭlān] c. 'dagger'
cym[1]	[*čim/čem] Pe. 'reason, cause'; **cym r'y** 'for (what) reason, why'
cym[2], **cym'n**	see under *cy*[1]
cymyy	[čĭmī] Pth. 'from this'

cyn-	[čĭn-] c. 'collect, gather, heap up; tend (of a fire)'; pp. **cyyd** [čĭd]; inf. **cyydn**
cy-n'm	[čē-nām] Pe., adj., 'having what name, of what name'
cyng	[čĭnag] Pth. 'snare, net'
cynyst'n	[čĭnestān] place name 'China'
cyrgwm	see under *cyhrg*
cyš[1]	[čiš] Pth. 'thing'
cyš[2], **cyš'n**	see under *cx*[1]
cytr	[*čaitr] Pe., in rhyming phrase, **mytr cytr**, cu 5
cyyšn, cʿyyšn	[čayišn] Pe. 'mourning, lamentation'
d'	[dā] Pe., conj., 'until'; **'ndwm d'**, **'ndwm ... d'** 'so ... until, so long as'; prep. 'till, for as long as, for'; compound prep. **d' 'w** 'till, for (of time); to, up to (of place)'
d'd	see under *dh* (Pth.), *dy-* (Pe.)
d'db'r	[dādβār] Pth. 'judge'
d'dyh'	[dādīhā] Pe. 'justly'
d'dyst'n	[dādestān] Pe. 'judgment'; **d'dyst'n qwn-** 'pass judgment, judge'
d'hw'n	[dāhwān] Pth. 'gift, present'
d'hw'nyg	[dāhwānīg] Pth. 'generous'
d'hyft	[dāhīft] Pth. 'slavery'
d'lwg	[dālūg] Pth. 'plant, tree'
d'm	[dām] c. 'created being, creature'; in Pe. also 'animal'; in Pth. also 'creation'
d'm'd	[dāmād] Pe. 'bridegroom'
d'md'd	[dāmδād] Pth. 'created being, creature; animal, beast'
d'mg	[dāmag] Pth. 'trap, snare'
d'n-	[dān-] Pe. 'know, understand'; pass. **d'nyh-** [dānīh-] 'be known'; secondary pp. **d'nyst**; inf. **d'nystn**
d'n'g	[dānāg] Pe. 'wise, a wise man'
d'n'gyy	[dānāgī] Pe. 'wisdom'
d'nyšn	[dānišn] Pe. 'knowledge'
d'r-	[dār-] c. 'have, possess; hold, keep'; pp. **dyrd** [dird] Pth., **d'št** [dāšt] Pe.; inf., **dyrdn**, Pth.
d'r'w, d'r'wpwhr	[dārāw(puhr)] Pth. pr. name

d'rgyrdyyh	[dārgirdīh] Pe. 'crucifixion'
***d'rw**	[dāru] Pe. 'tree'
d'rwbdg	[*dārūβδag] Pth. 'crucified'
d'rwbdgyftyg	[*dārūβδagīftīg] Pth. 'concerning the crucifixion'
d'rwg	[dārūg] Pe. 'plant'
d'rwyn	[dāruwēn] Pe. 'of wood'
d'šn, d'šyn	[dāš(i)n] c. 'present, gift'
d'št	see under *d'r-*
d'ywr	[dāywar] Pe. 'judge'
d'yn	see *dyn*
db	[daβ] Pth. 'trick, deception'
dbgr	[daβgar] Pth. 'deceiver'
dbyr	[dibīr] c. 'scribe'
dbyryft	[dibīrīft] Pth. 'scribemanship, the craft of the scribe'
dbyryy	[dibīrī] Pe. 'scribemanship, the craft of the scribe'
dd	[dad] c. 'creature, animal'; in the hendiadys **dd 'wd d'm**, Pe. only
ddyl	[dadēl] Semitic pr. name of angel
dgr	[dagr] Pe. 'long'
dh	[dah] Pe. 'ten'
dh-	[dah-] Pth. 'give'; pp. **d'd** [dād]
***dhmy'n**	[?] Pe. ?
dhwm	[dahom] Pe. 'tenth'
dhybyd	[dahibed] Pe. 'lord of the land/country'
dhyn	[dahen] Pe. 'mouth'
***djrtbwhr**	[*ǰartabūr] Indian place-name (?) in Pth.
dm-	[dam-] c. 'breathe; blow, sound (of trumpet)'
dmyst'n	[damestān] Pe. 'winter'
dn'h	[*dannāh] Pe. 'ache, aches (?)'
dnd'n	[dandān] Pth. 'tooth'
dr¹	[dar] Pe. 'door, gate'; **drdr** 'door by door'
dr²	[dar] Pth. 'valley, glen, ravine'
dr'w-	[drāw-] Pth. 'seduce, deceive'
dr'yst	[drāyist] Pe., secondary pp., 'shrieked, called'
dr'yšn	[drāyišn] Pe. 'shrieking, calling'
drb'n	[darbān] Pe. 'gatekeeper'
drd	[dard] c. 'pain'

drdr	see under *dr*¹
drdwmnd	[dardōmand] Pe. 'suffering, sick'
drdyn	[dardēn] c. 'pain-filled, sad'
drfš	[drafš] Pth. 'banner'
drfš-	[drafš-] Pth. 'shine, gleam'
‚drγ	[darγ] Pth. 'long'
drgmnyft	[darγmanīft] Pth. 'patience, forbearance'
drhm	[drahm] Pe. 'drachma, silver coin'
drm'n	[darmān] Pe. 'medicine, healing'
drw	[drōw] Pe. 'lie, deceit'
drwd	[drōd] c. 'well-being, health, welfare'; used in formulae of benediction and greeting; **drwd 'br** 'health (be) upon …'; **'wr pd drwd** 'here in health', i.e. 'welcome'; **drwd d'd** 'gave greeting'; **kyrd pd drwd** 'bade farewell'
drwdg	[drōdag] Pe. 'health, welfare'
drwdygr	[drōdegar] Pe. 'health-bringer'
drwdyh	[drōdīh] Pe. 'well-being, health'
drwdyn-	[drōdēn-] Pe. 'bring welfare'
drwdyn'g	[drōdēnāg] Pe. 'bringer of welfare'
drwd-z'dg	[drōd-zādag] Pe. 'child of well-being,' i.e. a Manichaean
drwg	[drōγ] Pth. 'lie, deceit'
drwgmyg	[*drōγmēγ] Pth. 'lying, false'
*drwj	[drōž] Pth. 'demon'
drwnd, drwynd	[druwand/druwend] Pe. 'sinful, wicked; sinner, infidel, non-Manichaean'
drwšt	[druwišt/društ] Pth. 'whole, well'
drwštyft	[društīft] Pth. 'wholeness, health'
drwxš	[druxš] Pe. 'she-demon, demon'
*drwxtgyh'	[druxtagīhā] Pe. 'falsely'
drwxtyh	[druxtīh] Pe. 'falsehood'
drwzn	[drōzan] Pe. 'lying, false; liar'
drwznyh	[drōzanīh] Pe. 'falsehood'
drxs-	[draxs-] Pth. 'endure'
drxt	[draxt] c. 'tree'
dry'b	[daryāb] Pe. 'sea, lake'
dryst	[drīst] Pe. 'whole, well; right, proper'; used in formulae of salutation : **dryst 'wr, dryst wys'y** 'welcome'

drystyh	[drīstīh] Pe. 'wholeness, health'
drz-	[darz-] Pth. 'tie on, load (pack-animals)'
ds	[das] Pth. 'ten'
dst[1] ˙	[dast] c. 'hand'; **'c ... dst d'r-** 'refrain from'; **pd dst 'y ...** 'for'; **dst 'wyst'm** 'hand support, staff, stick'
dst[2]	[dast] Pth. 'capable, able'; **cwnd dst 'yy** 'as much as you are able'
dstbr	[dastβar] Pth. 'having power, one in authority'; **pd dstbr** 'as one in authority'
dstd'r	[dastðār] Pth. 'helper'
dstkš	[dastkaš] Pe. 'making salutation, bowing'
dstn	[dastan] Pe. 'powerful, able'
dswm	[dasom] Pth. 'tenth'
dšn	[dašn] c. 'right hand; right (of side and direction)'
dšnyz'dg	[dašnezādag] Pe. 'son of the right hand, righteous'
dšt	[dašt] c. 'desert, plain'
dt	[?] Pe. ?
dw	[dō] c. 'two'; pl. **dwn'n**
dw-	[daw-] Pe. 'run'
dw'ds, dw'dys	[dwāðes] Pth. 'twelve'
dw'dyswm	[dwāðesom] Pth. 'twelfth'
dw'ryšn	[dwārišn] Pe. 'abode (of evil creatures)'
dw'zdh	[dwāzdah] Pe. 'twelve'
dw'zdhwm	[dwāzdahom] Pe. 'twelfth'
dwd[1]	[dūd] c. 'smoke'
dwd[2]	[*dod] c. 'then'
*dwdmnd	[dudmand] Pe. 'stupid'
dwdy	[dudī] Pe. 'second, other; secondly; further, then, again'
dwdyg	[dudīg] Pe. 'second, next; secondly'
*dwdyn	[dūdēn] Pth. 'smoky'
dwfrg	[*dōfrag] Pth. 'twofold (?)'
dwg'ng	[dōgānag] Pe. 'twofold'
dwj'rws	[*dužārwis] Pth. 'hard to ward off (?)'
dwjbwrd	[dužburd] Pe. 'ill-treated, distressed, unhappy'
dwjdyl	[duždil] Pe. 'disheartened'
dwjgn	[dužgann] Pe. 'evil smelling, stinking'

dwjx	[dōžax] Pth. 'hell'
dwn'n	see under *dw*
dwp'y	[dōpāy] Pe. 'two-legged, biped'
dwphykr	[dō-pahikar] Pe. 'Gemini (the zodiacal sign)'
dwr	[dūr] c. 'far'
dwrcyhr	[durčihr] Pth. 'ugly'
dwst	[dōst] Pe. 'loving; friend'
dwsty	[dōstī] Pe. 'affection, friendship'
dwš'rm	[dōšārm] Pe. 'love'
dwš'rmygr	[dōšārmīgar] Pe. 'loving'
dwš'rmyh	[dōšārmīh] Pe. 'love'
dwšcyhr	[duščihr] Pe. 'ugly'
dwšfr	[dušfarr] Pth. 'ill-fortuned, accursed'
dwškr	[dōšakkar] Pe. 'erroneous'
dwškryy	[dōšakkarī] Pe. 'doubt, scepticism'
dwškyrdg'n	[duškirdagān] Pe. 'of evil deed, wicked'
dwškyrdg'nyh	[duškirdagānīh] Pe. 'evil doing, wickedness'
dwšmbt	[dōšambat] c. 'Monday'
dwšmny'dyh	[dušmenyādīh] Pe. 'enmity'
dwšmtyy	[dušmatī] Pe. 'evil thinking'
dwšmyn	[dušmen] c. 'enemy'; pl. **dwšmynwn, dwšmnwn, dwšmnyn, dwšmynyn**
dwšmyny'dyft	[dušmenyādīft] Pth., abstract as pl., 'enemies'
dwšw'cyh	[duswāzīh] Pe. 'evil speaking, slander'
dwšwštyh	[duswaštīh] Pe. 'evil acting, evil action'
dwšwx	[dušox] Pe. 'hell'
dwšxw'štyh	[dušxwāstīh] Pe. 'evil acting, evil action'
dwšxwpty	[dušxūftī] Pe. 'evil speaking, evil speech'
dwšy'ryy	[dušyārī] Pe. 'famine'
dwšyst	[dōšist] Pe. 'most beloved, dearest'
dwxš	[duxš] Pe. 'maiden, virgin; one of the women Elect'; adj. 'virginal'
dwxt	[duxt] Pe. 'daughter'
dwxwnd	[?] Pe. 'accursed (?)'
dwy	[dōy] Pe. 'a class of demons'
dwždynyy	[duždēnī] Pe. 'evil belief, disbelief'
dwžrw'n	[dužrawān] Pe. 'of evil spirit, evil in spirit'
dwžrw'nyh	[dužrawānīh] Pe. 'evilness of spirit, spiritual corruption'
dxmg	[daxmag] c. 'tomb, grave'

dy-, dyy-	[day-] Pe. 'give'; pp. **d'd** [dād]
dyb¹	[dib] c. 'letter, epistle'
dyb²	[dēb] c. '(good) fortune, luck'
dybg	[dēbag] Pe. '(good) fortune, luck'
dybhr	[dēbahr] Pth. 'anger, wrath'
dybt	[dībat] Semitic pr. name in Pth. 'Dilbat'
dyd	[dīd] c., pp., 'seen'; used as suppletive to *wyn-*
dydn, dydyn	[dīdan/dīden] Pth. 'appearance, form; apparition, thing seen'
dydym	[dīdēm] c. 'diadem, garland'
dydymwr	[dīdēmwar] Pe. 'garlanded, crowned'
dydyn	see *dydn*
dydyšn	[dīdišn] c. 'sight; aspect, appearance'
dyh	[deh] Pe. 'land, country'
dyjw'r	[dižwār] Pth. 'harsh, grievous; hardship, wretchedness'
dyjw'ryft	[dižwārīft] Pth. 'hardship, wretchedness'
dyjwštyy	[dijwaštī] Pe. 'evil-(re)turning, reincarnation'
dyl	[dil] Pe. 'heart'
dym	[dēm] c. 'face'
dyn, dʿyn	[dēn] c. 'religion; the church, the Man. community'
dyn'br	[dēnāβar] Pth. 'religious, devout; a believer'
dyn'bryft	[dēnāβarīft] Pth. 'the religious community' (probably used especially of the Denāwars)
dyn'wr	[dēnāwar] Pe. 'religious, devout; a believer; a member of the Denāwar section of the Man. community'
dynd'r	[dēndār] Pe. 'religious'
dynsrhng	[dēnsarhang] Pe. 'leader of the church'
dynwr	[dēnwar] Pe. 'religious, devout; a religious man'
dyn-wzyndg'r	[dēn-wizendgār] Pe. 'foe to the religion'
dynz'dg	[dēnzādag] Pe. 'child of the religion, son of the faith'
dyr	[dēr] Pe. 'long' (in late texts, cf. **dgr**)
dyrd, dyrdn	see under *d'r-*
dys	[dēs] Pe. 'appearance, form, shape'
dys-	[dēs-] c. 'shape, form; build'; pp. **dyšt** [dišt]; secondary pp. **dysyd** [dēsīd]; inf. **dyštn**
dysm'n	[dēsmān] c. 'building'

dysmwy	[*dēsmōy] Pe. 'hypocrite, dissembler'
dyswys	[*dēswēs] Pe. 'mixture, multifariousness (?)'
dysyšn	[dēsišn] Pe. 'handiwork, product'
dyšt, dyštn	see under *dys-*
dyw	[dēw] c. 'devil, demon'
dyw'r	[dēwār] Pe. 'fortress-wall, wall'
dywg	[dēwag] Pe. 'vermin, worms'
dyz	[diz] c. 'fortress, fort'
fr'c, pr'c	[frāz, Pe., frāž, Pth.] c. 'forward, forth; near'
fr'gwnd-	[frāɣund-] Pth. 'cover, muffle'
fr'mwc-, pr'mwc-	[frāmōz-, Pe., frāmōž-, Pth.] c. 'put off, take off, remove'; pp. **fr'mwxt, pr'mwxt** [frāmōxt]; short inf. **fr'mwxt**
fr'mwš	[frāmōš] Pe. 'forgetful'
fr'mwš-, pr'mwš-	[frāmōš-] c. 'forget'; pp. **fr'mwšt** [frāmušt]
fr'mwšyy	[frāmōšī] Pe. 'forgetfulness'
fr'mwxt	see under *fr'mwc-*
fr'x	[farrāx] Pth. 'broad, spacious'
fr'y, pr'y	[frāy] Pe. 'more; greater; further'
fr'ydr	[frāydar] Pe., double comp., 'more'
frbd-	[frabad-] Pth. 'fall down, collapse'; pp. **frbst**[1] [frabast]
frbst[1]	see under *frbd-*
frbst[2]	[fraβast] Pth., pp., 'closed up, stopped, blocked'
frd'b, prd'b	[fradāb] Pth. 'radiance'
frg'w	[fraɣāw] Pth. 'treasure'
frgwš-	[fraɣōš-] Pth. 'put aside, neglect'
frh, prh	[farrah] c. 'glory'; used also of a tutelary spirit, and (pl.) of a group of tutelary spirits
frh', frh'h	[*frahā(h)] Pth. 'for, on account of'
frhng	[frahang] Pe. 'education'
frhyd, prhyd	[*frahīd] c. 'many; abundant'
frhyft	[frihīft] Pth. 'love'
frhygr	[frihegar] Pth. 'loving'
frhynj-	[frahenǰ-] Pth. 'educate, instruct'
frjn-	[fražan-] Pth. 'cut, cut off'
frm'n, prm'n[2]	[framān] c. 'command, injunction'
frm'y-, prm'y-	[framāy-] c. 'command, order'; pp. **frm'd, prm'd** [framād]; inf. **frm'dn**

frmnywg	[framanyūg] Pth. 'hope'
frmyn-, prmyn-	[framēn-] Pe. 'be glad, rejoice'
frn'm-	[franām-] Pth. 'cause to depart, send away'
frnm-	[franam-] c. 'go forth, depart'; pp. **frnft, prnpt** [franaft]; inf. **prnptn**
frnštg	[franaštag] Pth. 'destroyed, ruined'
frsr'y-	[frasrāy-] Pe. 'sing, sing praises'; pp. **prsrwd** [frasrūd]
frsystn	[frasistan] Pth., inf., 'to break through'
frš'w-	[frašāw-] Pth. 'send'; pp. **fršwd** [frašūd]
fršygyrd, pršygyrd	[frašegird] c. 'end of the world'
fršygyrdyg	[frašegirdīg] Pth. 'about the end of the world'
fršymwrw	[frašemurw] Pe. 'peacock'
frtwm	[fratom] Pe. 'at first'
frwd	[frōd] Pe. 'down'
frwd-	[frawad-] Pth. 'understand, know'; secondary pp. **frwd'd**
frwm'w	[frōmāw] Pth. 'Latin'
frwm'y	[frōmāy] Pth. 'Roman'
frwrdg, prwrdg	[frawardag] c. 'scroll, letter, epistle'
frwšt	see under *frwz-*
frwx, prwx	[farrox] c. 'fortunate'
frwxš	[frōxš-] Pe. 'sell'
frwxyh	[farroxīh] Pe. 'fortune, prosperity'
frwyn-	[frawēn-] Pth. 'foresee, prophesy'; secondary pp. **frwyn'd**
frwyng	[frawēnag] Pth. 'foreseeing'
frwz-	[frawaz-] Pth. 'fly'; pp. **frwšt** [frawašt]
fry'dg, pry'dg	[frayādag] Pe. 'helper'
fry'dr	[friyādar] Pth. pr. name
fry'n	[fryān] Pth. 'friend, beloved'
fry'ng	[fryānag] Pth., adj., 'beloved'; subst. 'friend, beloved'
frydwn, prydwn	[frēdōn] Pe. pr. name 'Thraetaona'
fryg	[?] Pe., ?, in the phrase **xwr pd fryg bwd** 'the sun was setting'
fryh¹, pryh¹	[frih] Pth., adj., 'dear'; subst. 'friend, beloved'
fryh²	see *fryyh*
fryh'mwcg	[frihammōžag] Pth. 'dear to one's teacher'
fryhgwn	[frihγōn] Pth. 'friendly, loving'

fryhn'm	[frihnām] Pth. 'of loved name'
fryhrwd	[frihrōd] Pe. 'compassionate'
fryhrwšn	[frihrōšn] Pth. pr. name of Man. god 'Friend of the Lights'
fryhstwm	[frihstom] c. 'dearest'
fryst-, pryst-	[frēst-] Pe. 'send'; secondary pp. **prystyd**; inf. **pryst'dn**
fryst''n	[*fristān] Pth. 'ten seconds'
frystg, prystg	[frēstag] Pe. 'apostle; angel'
frystgrwšn	[frēstagrōšn] Pe. 'apostle of light', used of Mani
frystwm, prystwm	[fristom] c. 'dearest'
fryštg	[frēštag] Pth. 'apostle; angel'
fryštgrwšn	[frēštagrōšn] Pth. 'apostle of light', used of Mani
fryyh, fryh², pryh²	[friyī(h)] Pe. 'love'
frz'ng	[frazānag] Pth. 'wise'
frzwfs-	[frazufs-] Pe. 'become perfect, perfect oneself'
frzynd, przynd	[frazend] c. 'child, son'; pl. **frzynd'n** (Pe.), **frzyndyn** (Pth.)
g'h¹	[gāh] c. 'throne, dais; place; the Bema'; pl. **g'h'n, g'hyyh'n**
g'h²	[gāh] Pe. 'Gatha', only in the phrase **pnz g'h, pnzg'h** 'the five Gatha (days)', i.e. the five intercalated days at the end of the year
g'h‛yg, g'hyyg	[gāhīg] Pe. 'of the Bema'
g'hd'r	[gāhdār] Pe. 'king'
g'hrwšn	[gāhrōšn] Pe. 'throne of light' (used of the Bema)
g'm	[gām] Pe. 'step, pace (?)', only in the phrase **g'm xw'h-** 'desire to advance (?)'
g'w	[gāw] Pe. 'bull; the zodiacal sign Taurus'
g'wz'dg	[gāwzādag] Pth. 'calf'
gbr	[gabr] Pe. 'womb'
gbr'yl	[gabraēl] Semitic pr. name 'Gabriel'
gd	[gad] Pth., pp., 'went, came'
ghr'dnyft	[gahrādanīft] Pth. 'pride, vanity'
ghr'y'd	[gahrāyād] Pth., secondary pp., 'having boasted, exulted, been proud'
ghr'yst	[gahrāyist] Pe., secondary pp., 'having boasted, exulted, been proud'

ghwdg	[guhūdag] Pe. 'misborn, misbegotten'
ghwyn-	[guhuwēn] Pe. 'engender, give birth to (evilly)'
ghy	[gahē] Pe. 'then'
glyl'h	[galīlāh] Semitic place name 'Galilee'
gmbyr	[gambīr] Pth. 'deep, profound'
gnd'g	[gandāg] Pth. 'stinking, foul'
gngyy	[gannagī] Pe. 'stench'
gnz	[ganz] Pe. 'treasure'
gnzwr	[ganzwar] Pe. 'treasurer'
gr'b	[grāβ] Pth. 'womb'
gr'mg	[grāmag] Pth. 'wealth, possessions'
gr'myg	[grāmīg] Pe. 'treasured, dear'
gr'n	[garān] c. 'heavy, great, grievous'
gr'nyft	[garānīft] Pth. 'heaviness, oppression'
gr'sm'n	[garāsmān] Pe. 'heaven'
grd-	[gard-] Pe. 'become'
grd'nydn	[gardānīdan] Pe., inf., 'to make turn'
grdm'n	[garδmān] Pth. 'heaven'
grdn	[gardan] Pe. 'neck'
grm	[garm] Pe. 'warm'
grm'g	[garmāg] Pe. 'heat'
grww	[grōw] Pth. 'cane'
gry-	[griy-] Pe. 'weep'; secondary pp. **gryyd** [griyīd]
gryft	see under *gry-*, *gyrw-*
gryhcg	[*grīhčag] Pth. 'pit, prison'
gryw	[grīw] c. 'self; soul'; **gryw zyndg** (Pe.), **gryw jywndg** (Pth.) 'the Living Self'; **xwyš gryw, wxybyh gryw** 'own self, oneself'
grywjywndgyg	[grīwžīwandagīg] Pth. 'of the Living Self'
gryy'n	[griyān] Pe., pres. pt., 'weeping'
gst	[gast] Pth. 'horrible, loathly; defiled'
gstgr	[gastgar] Pth. 'disgusting, loathsome'
gš-	[gaš-] Pth. 'be glad'; secondary pp. **gš'd**
gšt	[gašt] Pth., pp., 'bitten, pierced'
gw-	[gōw-] Pe. 'speak, say'; pp. **gwft, gwpt** [guft]
gw'g	[gōwāg] Pe. 'speaker'
gw'n	[gōwān] Pe., pres. pt., 'speaking'
gw'nyg	[gawānīg] Pth. 'needed, desired'
gwg'n-	[gugān-] Pe. 'destroy'
gwg'nyšn	[gugānišn] Pe. 'destruction'
gwg'yy	[gugāyī] Pe. 'testimony, witness'

gwhr	[gōhr] Pe. 'substance'
gwm'n	[gumān] Pe. 'doubt, suspicion'
gwm'r-	[gumār-] Pe. 'appoint'; pp. **gwm'rd** [gumārd]
gwm'y-	[gumāy-] Pe. 'endure, undergo'
gwmyg	[gumēg] Pe. 'mixture'
gwmyxs-	[gumixs-] Pe., inchoat. as pass., 'be mixed'
gwmyxt	[gumixt] Pe., pp., 'mixed, mingled'
gwmyxtg	[gumixtag] Pe., pp./adj., 'mixed'
gwmyzyšn	[gumēzišn] Pe. 'mixture'
*gwn	[gōṅ] Pe. 'kind, sort'
gwnd	[gund] Pth. 'army'
gwndg	see *gwyndg*
gwng	[gōnag] c. 'sort, kind'; **gwnggwng** 'of every kind'
gwny'g	[*gōnyāg] Pth. 'beautiful, fine (?)'
gwrd	[gurd] c. 'hero'
gwš¹	[gōš] c. 'car'
*gwš²	[gōš] Pth. 'hearing'
gwš'd	[gušād] Pth., pp./adj., 'extended; extensive, spacious'
gwšg	[*gōšag] Pe. 'corner (?)'
gwx'y	[gauxai] Semitic place name
gwxn	[*goxan] Pth. 'blood'
gwyndg, gwndg	[gawendag] Pth. 'failing, fault, offence'
gwyšn	[gōwišn] Pe. 'saying, utterance, discourse'
gy'g	[gyāg] Pe. 'place'
gy'gyh'n	[gyāgīhān] Pe., adv., 'in various places'
gy'n	[gyān] c. 'soul'
gy'nbr	[gyānβar] Pth. 'soul-possessing, animate; living creature'
gy'nyg	[gyānīg] Pth. 'of the soul, concerned with the soul'
gy'nyn	[gyānēn] c. 'spiritual'
gy'w	[giyāw] Pe. 'grass, herbage'
gyg, gyyg	[*gayg/gēg] Pe. 'thief'
gyh	[gēh] Pe. 'flocks, herds'
gyh'n	[gēhān] Pth. 'world'
gyhb'n	[gēhbān] c. 'herdsman, shepherd'
gyh-hš'r	[?] Pe., ?, a pejorative adj.
gyhmwrd	[gēhmurd] Pe. pr. name 'Gayomard', used for the first man on earth, Adam
*gylg'y	[gilagāy] Pe. 'lamenting, complaining'

gyr-	[gīr-] Pe. 'take, seize, grasp, hold'; pp. **grypt**, **gryft** [grift]
gyrd-'sm'n	[gird-āsmān] Pe. 'circle of the zodiac'
gyrw-	[girw-] Pth. 'take, seize, grasp, hold'; pp. **gryft** [grift]; short inf. **gryft**
gyšt	[gišt] Pe., pp., 'bound, tied'
gytyg	[gētīg] Pe. 'world'
gzn	[gazn] Pth. 'treasure'
h-	see *'h-*
h'	[hā] Pe., interrogative particle
h'm'byr	[*hāmaber] c. 'building'
h'm'dywn	[hāmāδyōn] Pth. 'fellow-traveller, companion'
h'm'fr's	[hāmāfrās] Pth. 'accomplice'
h'm'g	[hāmāg] c. 'all'
h'm'xwnd	[hāmaxwand] Pth. 'of one accord, unanimous; companion, comrade'
h'mʿspyz	[hāmispīz] Pe. 'wholly bright, wholly green'
h'mbnd	[hāmband] Pth. 'fellow-captive'
h'mcyhrg	[hāmčihrag] Pth. 'having the same nature'
h'mdys	[hāmdēs] Pe. 'having the same shape, being in the likeness'
*h'mgwn	[hāmgōn] Pe., subst., 'pattern, model (?)'
h'mgwng	[hāmgōnag] Pe., adv., 'in the same manner/way'
h'mgyn	[*hāmagēn] Pe. 'level'
h'mhn'm	[hāmhannām] Pe. 'with conjoined bodies'
h'mhyrz	[hāmhirz] Pth. 'attendant, bodyguard'
h'mj'r	[hāmjār] Pe. 'companion, comrade'
h'mkwnyšn	[hāmkunišn] Pe. 'accomplice'
h'mkyšwr	[hāmkišwar] Pe. 'the cosmos, the complex of all the heavens and earths'
h'mn'p	[hāmnāf] Pe. 'kinsman'
h'mpnd	[hāmpand] Pe. 'fellow-traveller, companion'
h'mr'st	[hāmrāst] Pe. 'in just the same way'
h'mšhr	[hāmšahr] Pe. 'the whole world'
h'mšwd'b	[hāmšudāb] Pe. 'companion, comrade'
h'mtwhmg	[hāmtōhmag] Pe. 'relative, kinsman'
h'mtwxmg	[hāmtōxmag] Pth. 'relative, kinsman'
h'mw'g	[hāmwāg] Pth. 'of one voice'

h'mwx	[hāmōx] Pe. 'of the same mind'
h'myn	[hāmīn] Pe. 'summer'
h'mzwr	[hāmzōr] Pe. 'of the same strength'
h'n	[hān] Pe., dem. adj., 'that'; dem. pro. 'that, that one'; definite article 'the'; pers. pro. sg. 3, 'he, she, it'
h'w-	[hāw-] Pth. 'scorch, burn'
h'wnd, h'wynd	[hāwend] Pe. 'similar, like; the like'
h'ws'r	[hāwsār] Pth. 'similar, like; the like'
h'ws'rg	[hawsārag] Pth. 'of the same rank/age (?)'
h'y'n	[hāyān] Pe. 'resting-place, grave'
hbz'	[*habazā] pr. name in Pth.
hft, hpt	[haft] c. 'seven'
hft'd, hpt'd	[haftād] Pe. 'seventy'; pl. form **hft'd'n**
hftwm, hptwm	[haftom] c. 'seventh'
hgjyn'g	[hagjēnāg] Pe. 'arousing, arouser'
hgryc	[hagariz] Pe. 'ever, at one time', only with following **ny**, 'never'
hlw'n	[holwān] place name in Pe.
hm	[ham] c., adj., 'same'; adv. 'also'; Pth. only, 'together'; **hm … hm** 'also … and', 'both … and'
hm'g	[hamāg] c. 'all; whole'
hmb'r-	[hambār-] Pe. 'fill'
hmb'r'g	[hambārāg] Pe. 'one who gathers, collects'
hmb'w	[hambāw] Pe. 'adversary, foe'
hmbdyc, hmpdc	[hambadiz] Pe. 'corresponding to'
hmbh-	[hambah-] Pe. 'fall'
hmbxš-	[hambaxš-] Pe. 'divide, divide up; distribute, bestow'; pp. **hmbxt** [hambaxt] 'divided'
hmg	[hamag] c. 'all'; with suff. -c, **hmgyc … ny** 'not at all'
hmgwhr	[hamgōhr] Pe. 'of the same substance'
hmgwng	[hamgōnag] Pe., adv., 'in the same way'
hmpd	[hampad] Pth. 'then (?)'
hmpdc	see *hmbdyc*
hmpymwg	[hampaymōg] Pe. 'in the same fashion (?)'
hmwc-	[hammōz-] Pe. 'teach'; pp. **hmwxt** [hammōxt]
hmwc'g, hmwcg	[hammōzǎg] Pe. 'teacher; Teacher (one of the 12 chief dignitaries of the Man. church)'
hmwd-	[hamwad-] Pth. 'believe'

hmwdyndyft	[hamwadendīft] Pth. 'belief'
hmwg	[hammōg] Pe. 'doctrine'
hmwwc'n	[hammōzān] Pe., pres. pt., 'teaching'
hmwxs-	[hammōxs-] Pe., inchoat. as pass., 'be taught'
hmwxt	see under *hmwc-*
hmwz'	a late form for *hmwc'g*
hmyr	[hammīr] Pth. 'together, in all'
hmys	[hammis] Pe., prep., 'together with'; also postp. with preceding **'z**
hmyšg	[hammēšag] Pe. 'always'
hmyw	[hamēw] c., adv., 'always'; directly preceding a vb., gives a continuous sense
hmywyg	[hamēwīg] Pe. 'eternal'
hn'm	[hannām] Pe. 'limb, member; part'
hn'r-	[hannār-] Pe. 'direct, turn'; with **'wl** 'lift up, raise up'
hnd	[hand] Pth. 'blind'
hnd'm	[handām] Pth. 'limb, member; part, section'
hnds-	[handas-] Pe. 'cease, stop'
hndwg	[hindūg] Pth. 'Hindu, Indian'
hndym'n, hndmn	[handēmān] Pe. 'before, in the presence of'
hndyšyd	[handēšīd] Pe., pp., 'having thought'
hndyšyšn	[handēšišn] Pe., v.n., 'thinking, thought'
hng'pt	[hangāft] Pe., pp., 'joined together, joined'
hng'r-, hnng'r-	[hangār-] Pe. 'reckon, account'; pass. **hng'ryh-** [hangārīh-] 'be accounted'
*hngn'n	[hanganān] Pe., pres. pt., 'filling in'
hngnd	[hangand] Pe., pp., 'filled in'
hngpt	[hangaft] Pe., pp., 'came together, were united' (of coition)
hngwn	[hangōn] c. 'in the same way, so'
hngyšyh-	[hangišīh-] Pe., pass., 'be fastened to' hence 'follow'; pp. **hngyšt** [hangišt] 'fastened, fettered, bound'
hnj'm-	[hanjām-] Pth. 'finish, complete, fulfil'; pp. **hnjft** [hanjaft]; secondary pp. **hnj'm'd**
hnjšm'n	[hanjašmān] Pth. 'openly, plainly'
hnjyn-	[hanjīn-] Pth. 'hack, cut to pieces'
hnng'r-	see *hng'r-*
hnz'm-	[hanzām-] Pe. 'finish, fulfil'; pp. **hnz'ft** [hanzāft]

hnzft	[hanzaft] Pe., pp., 'finished'; inf. **hnzptn**
hnzmn	[hanzaman] Pe. 'company, gathering, assembly; congregation, community'
hnzps-	[hanzafs-] Pe., inchoat. as pass., 'be joined to, join; be fulfilled, become perfect'
hnzyn-	[hanzīn-] Pe. 'hack, cut to pieces, murder'
hpšyrd	[hafšird] Pe., pp., 'fettered, chained'
hpt, hpt'd, hptwm	see *hft, hft'd, hftwm*
hptwmyg	[haftomīg] Pe. 'seventh'
hr'g	[harāg] Pe. 'tax'
hr'stn	[hrāstan] Pe., inf., 'to arrange, prepare'
hrdyg	[hridīg] Pth. 'third'; **hrdyg wzrg** 'the Third Great One' i.e. Jesus the Splendour
hrw	[harw] c. 'all, every'; pl., Pth. only, **hrwyn**
hrw'gwc	[*harwāgōz, Pe., *harwāgōž, Pth.] c. 'on all sides, everywhere'
hrwb-	[*hrub-] Pe. 'collect, gather; receive'; pp. **hrwft** [*hruft]
hrwbyšn	[*hrubišn] Pe. 'collecting, collection'
hrwkyn	[*harukēn] Pe. 'all'
hrwm	[hrōm] Pe. 'the eastern Roman Empire, Byzantium'
hrwpt	see under *hrwb-*
hrwtys	[harutis] Pe. 'everything'
hrwysp	[harwisp] Pe. 'all, every; everyone'
hry	[hrē] Pth. 'three'; **hry hry** 'three by three'
hrysd	[hrēsad] Pth. 'three hundred'
hryst	[*hrist] Pth. 'thirty'
hrystg	[hrēstag] Pe. 'angel, apostle'
hs	[has] Pth. 'beginning' in the phrase **'c hs** 'in the beginning'; adj. 'original, ancient'
hs'cyh-	[hassāzīh-] Pe., pass., 'be made ready'; pp. **hs'xt** [hassāxt] 'adapted, fashioned, made'
hs'r	[*hassār] Pe., adj., 'alike, equal'; prep. 'like, corresponding to'
hsp'n	[haspān] Pe., pres. pt., 'resting'
hsyng	[hasēnag] Pth., adj., 'earlier, ancient, primeval, first'; adv. 'firstly, originally'; **hsyng bwdg** 'having existed originally'
hsystr	[hasistar] Pth. 'earlier'; **hsystr 'c** 'before'

hš'gyrd	[hašāgird] Pe. 'disciple, pupil'
hšt	[hašt] Pe. 'eight'
hšt'd	[haštād] Pth. 'eighty'
hštwm	[haštom] c. 'eighth'
hštwmyg	[haštomīg] Pth. 'eighth'
ht'	[hatā] Semitic place name
hw	[hō/haw] Pth., dem. adj., 'that'; definite article 'the'; dem. pron. 'that'; pers. pro. 3 sg. 'he, she, it'; pl. **hwyn**
hw'b'd	[huābād] Pe. 'well cared for, fertile'
hw'bs'gyft	[huabsāgīft] Pth. 'docility, gentleness'
hw'bz''r	[huabzār] Pe. 'very strong'
hw'mwjd	[huāmužd] Pth. in a Pe. text 'compassionate'
hw'mwjdyft	[huāmuždīft] Pth. 'compassion'
hw'n	[hawān] Pth. 'agony'
hw'ngd	[huangad] Pth. 'very happy'
hw'r'm	[huārām] Pth. 'very peaceful' or 'very joyful'
hw'rmyn	[huāramēn] Pth. 'very peaceful' or 'very joyful'
hw'xšd	[huaxšaδ] Pth. 'merciful, compassionate'
hw'xšdyg	[huaxšaδīg] Pth. 'merciful, compassionate'
hwbdr'st	[hubadrāst] Pe. 'well prepared'
hwbwd'g	[huβōδāg] Pth. 'fragrant'
hwcyhr	[huzihr, Pe., hužihr, Pth.] c. 'beautiful'
hwcyhryft	[hužihrīft] Pth. 'beauty'
hwcyhryh	[huzihrīh] Pe. 'beauty'
hwfrm'n	[huframān] Pth. 'of good command, commanding well'
hwfry'd	[hufrayād] Pth. 'helping well, helpful; helper'
hwfry'd-	[hufrayād-] Pth. 'give help, help'; secondary pp. **hwfry'd'd**
hwfryxš	[*hufrexš] Pth. 'ruling well (?)'
hwjdg	[hujadag] Pe. 'of good omen, fortunate'
hwjstgyy	[hujastagī] Pe. 'good fortune, blessing'
hwjy'g	[hužayāg] Pth. 'bestowing blessings'
hwjyst'n	[hūžistān] place name in Pth. 'Khuzistan'
hwm'ywn	[humāyōn] c. 'fortunate'
hwmbwy'g	[hombōyāg] Pe. 'perceiving fragrance, sniffing up fragrance'
hwmbwyh	[hombōyīh] Pe. 'fragrance'
hwmryn	[hwamrēn] Pe. 'sleepy'

hwmy'g	[*humayāg] Pth. 'fortunate (?)'
hwmy'st	[*humayāst] Pth. 'sparkling, glittering'
hwnr	[hunar] c. 'virtue, skill'
hwnr'wynd	[hunarāwend] c. 'virtuous, valiant'
hwnsnd	[hunsand] c. 'content, happy'
hwnsndyft	[hunsandīft] Pth. 'contentment'
hwnsndyh	[hunsandīh] Pe. 'contentment'
hwnywš	[huniyōš] Pe. 'obedient'
hwprm'n	[huparmān] Pth. 'having kindly thoughts, merciful (?)'
hwpt'w	[hupattāw] Pth. 'forbearing, patient'
*hwqyrd	[hukird] Pe. 'well cultivated'
hwr's'n	[hwarāsān] c. 'east'
hwrnyfr'n	[hwarnifrān] Pth. 'west'
hwrw'n	[huruwān] c. 'pious, virtuous'
hwsrwg	[husrōg] Pe. 'fair-famed, illustrious'
hwstyg'n	[*hōstīgān] Pe. 'strong, firm'
hwš-	[hōš-] Pth. 'dry up, wilt'
hwš'g	[hōšāg] Pe. 'hot wind, parching wind'
hwš'gyn	[hōšāgēn] Pe. 'of the parching wind'
hwšg	[hōšag] Pe. 'ear of corn; the star Spica', hence 'the constellation Virgo'
hwšk	[hušk] c. 'dry'
hwšnwdy	[hušnūdī] Pe. 'contentment, happiness'
hww'c	[huwāz] Pe. 'benediction, blessing'
hwy	[hōy] c. 'left (of side, direction)'
hwy'rgr	[huyārgar] Pe. 'bringing good harvest'
hwydg	[huwīdag] Pth. 'happy, fortunate'; **hwydgm'n** 'fortunate for us'
hwyn	see under *hw*
hwzrgwn	[huzargōn, Pe., huzaryōn, Pth.] c. 'green'
hxs-	[haxs-] Pth. 'follow'; with 'w 'reach, attain to'
hy'r, hyy'r	[hayyār] Pe. 'friend'
hy'rbwdyh	[hayyārbūdīh] Pe. 'state of being friends, friendship'
hy'ryh	[hayyārīh] Pe. 'friendship'
hyb	[hēb] Pe., optative particle, set before a verb in the optative, or in the indicative to give an optative sense
hygmwn	[hēgemōn] Greek l.w. in Pth. 'ruler, governor'

hyl-   [hil-] Pe. 'leave, abandon; remit (of sins); establish, appoint; let, allow (with inf.)'; pp. **hyšt** [hišt]

hynw'r   [hēnwār] Pth. 'flood'

hynz'wr   [henzāwar] Pth. 'mighty, strong'

hynz'wryft   [henzāwarīft] Pth., abstract as coll., 'the mighty ones'

hynz'wrystr [henzāwarestar] Pth. 'most mighty'

hyrdws   [hirodos] Semitic pr. name in Pth. 'Herod'

hyšt   see under *hyl-* (Pe.), *hyrz-* (Pth.)

hyy'r   see *hy'r*

hyrz-   [hirz-] Pth. 'leave, abandon; remit (of sins); establish, appoint'; pp. **hyst** [hišt]

hz'r   [hazār] c. 'thousand'; **wyst hz'r** 'twenty thousand'; **pnjwyst hz'r** 'twenty-five thousand'

hz'r-cšm   [hazār-cašm] Pth. 'thousand-eyed'

j'dg   [jādag] Pe. 'portion, share'

j'm   [jām] Pe. 'bowl'

j'm-   [žām-] Pth. 'lead'; secondary pp. **j'm'd**

j'mg   [jāmag] Pe. 'garment'

j'r   [jār] Pe. 'time'; **j'r j'r** 'from time to time; continually, always'

j'y   [jāy] Pe., late text, 'place'

j'yd'n   [jāydān] Pe., adj., 'eternal'; adv. 'eternally, for ever'; **'w j'yd'n** 'eternally, for ever'

j'yd'ng   [jāydānag] Pe. 'eternal'

jdg   [jadag] Pe. 'omen, good omen'

jfr   [žafr] Pth., adj., 'deep, low'; subst. 'depth, abyss'

jfr'n   [žafrān] Pth. 'depth, pit, abyss'

jhr   [žahr] Pth. 'poison'

jhryn   [žahrēn] Pth. 'poisonous'

jm'n   [žamān] Pth. 'time; hour'; pl. **jmnyn** [žamanīn]

jmyg   [jamīg] Pe. 'twin'; used as title for Mani's successors, the heads of the Man. church

jn   [žan] Pth. 'woman'; pl. **jnyn** [žanīn]

jn-   [žan-] Pth. 'strike, smite, hew'

jw-   [jaw-] Pe. 'chew'; pp. **jwwd** [jūd]

jwdy   [*judy] Pe. 'divided, separated'

jwdygwhr	[*ǰudigōhr] Pe. 'of separate substance'
jwtr	[ǰuttar] Pe. 'different'
jwwd	see under *jw-*
jwwg	[*ǰōg] Pe. 'pair'
jydg	[*žīdag] Pth. 'life'; in hendiadys, **jydg 'wd jywhr**
jyr	[žīr] Pth. 'intelligent, wise'
jyryft	[žīrīft] Pth. 'wisdom'
jyw-	[žīw-] Pth. 'live'
jywhr	[žīwahr] Pth. 'life'
jywndg	[žīwandag] Pth. 'living'
k'	[ka] Pe. 'when; if'; **c'wn k'** 'as if, even as'; with suff. pro. sg. 1, **km**; 3, **kš**; pl. 3, **kš'n**
k'dwš	[kādūš] c. 'holy'
q'f'd	[kāfād] Pth., secondary pp., 'split, cloven'
k'hyšn	[kāhišn] Pe. 'dimunition'
k'm	[kām] c. 'desire, wish'; **q'm ... wyš'd** 'the wish ... was fulfilled'; **q'm qwn-** 'perform the wish'
k'm-	[kām-] c. 'wish, desire' (often with short or long infinitive); secondary pp. **q'm'd** [kāmād], Pth., **q'myst** [kāmist], Pe.
k'mg'r	[kāmgār] Pth. 'powerful, independent'
k'mjnyft	[kāmžanīft] Pth. 'pursuit of desire'
q'myst	see under *k'm-*
k'myšn	[kāmišn] Pe. 'wish, desire'
q'myšngr	[kāmišngar] Pe. 'fulfiller of wishes'
ẍ'n	[xān] Turkish title in Pe. text, with Turkish suff. pro. pl. 1, **ẍ'nӱmӱz**
k'r	[kār] c. 'work, task; act, deed'
k'r-	[kār-] c. 'sow'; pp. **kyšt** [kišt]
q'r'g	[kārāg] Pe. 'sower'
k'rc'r	see *k'ryc'r*
q'rd'g	[kārdāg] Pe. 'wanderer'
q'r-prm'n	[kār-framān] Pe. 'overseer, manager'
k'rw'n	[kārwān] Pth. 'army on the march, army'
k'ryc'r, k'rc'r	[kārezār] Pe. 'battle'
k'w	[kaw] c. 'prince, lord; giant'; pl. **kw'n**
k'ywd	[kēwūd] Pe. 'box, cage'
kbwtr	[kabōttar] Pe. 'dove'
kd	[kaδ] Pth. 'when, if, as'; **cw'gwn kd** 'as if; as; for, because'; as compound prep. 'like'

kd'c	[kaδāž] Pth. 'ever', only with neg. particle **ny**, 'never'
kd'm	[kadām] Pth., interrog. adj., 'what?'
kdg	[kadag] c. 'house, home'; **qdgqdg** 'house by house, in separate houses'
qdyxwd'y	[kadexwadāy] Pth. 'master of the house'
kf-, qp-	[kaf-] c. 'fall'; pp. **kft, qpt** [kaft]; inf. **qftn**
kftynws	[kaftinus] c., pr. name of angel
qhn	[kahan] Pth. 'Jewish priest'
*qhryz	[kahrēz] c. 'underground channal, *qanāt*'
kl'n	[kalān] Pth. 'great, big'
km	see under *k'*
km'r	[kamār] c. 'head (of evil being)'
kmb	[kamb] Pe., adj., 'lesser, inferior'; adv. 'less'
*qmbd'nyšnyh	[kambdānišnīh] Pe. 'lesser knowledge'
kmbyft	[kambīft] Pth. 'smallness, a small part'
qmbyg	[kambīg] Pth. 'brief, short'
kn'rgwmnd	[kanāragōmand] Pe. 'bounded, limited'
qnd	[kand] Pe., pp., 'dug, dug up, destroyed'
knd'r	[kandār] Pe. 'ditch'
qnjwg	[*kanjūg] Pth. 'coat (?)'
qnycg	[kanīzag, Pe., kanīžag, Pth.] c. 'girl, maiden'
knyg	[kanīg] c. 'girl, maiden'
knygrwšn	[kanīgrōšn] c. 'the Maiden of Light'
kp-	see *kf-*
kr	[karr] Pe. 'deaf'
kr-	[kar-] Pth. 'make, do'; pp. **kyrd, qyrt** [kird]; short inf. **kyrd**
kr'n	[karān] Pth. 'side, direction'
qrmbg	[*karmbag] Pth. 'dregs, refuse, dross'
krwg	[kirrōg] c. 'craftsman, artisan, workman'
krwgyh	[kirrōgīh] Pe. 'craftsmanship'
kryšn[1]	[karišn] Pth. 'making, creation, thing created'
kryšn[2]	[karišn] Pth. 'form, fair form, beautiful shape'
ks	[kas] Pe. 'anyone'; **ks ks** 'each one, everyone'; with suff. -*c*, **kswc**
ks'dr	[kasādar] Pth. 'smaller, younger'
kst'r	[kastār] Pe. 'enemy'
kswc	see under *ks*
ksyšt	[kasišt] Pth. 'smallest, least'

kš, kš'n	see under *k'*
qšpyr	[kašpīr] place name in Pth. 'Kashmir'
qšwdg	[kašūdag] Pth. 'holy'
qtrywn	[kattriōn] Pth. 'centurion'
kw¹	[kū] c., subord. conj., 'that (used frequently to introduce quoted direct speech); so that'; with suff. pro. sg. 1, **kwm**; 2, **kwt**; 3, **kwš**; pl. 1, **kwm'n**; 2, **kwt'n**; 3, **kwš'n**
kw²	[kū] c., subord. conj., 'where'; interrog. and relative adv. 'where'
kw³	[kū] Pe. 'than' after a comparative
kw'n	see under *k'w*
kwbg	[kōbag] Pth. 'vexation'
qwctr	[*kučatr] pr. name in Pth. of an Indian *yakṣa* 'Kucchatra (?)'
qwdk	[kōdak] Pe. 'small'
kwf	[kōf] c. 'hill, mountain'
***qwhyg**	[*kōhīg] Pth., ?
qwlmγ'ydn	[kulamaγāyadn] Turkish pr. name
kwm, kwm'n	see under *kw*¹
kwm'r	[kumār] Pth. 'youth, boy; prince'
kwm'rcn	[kumārčan] Pth. 'girl, maiden'
kwm'ryft	[kumārīft] Pth. 'princedom'
kwn-	[kun-] Pe. 'make, do'; pres. sg. 3 regularly **kwnyd**, but also often **kwnd**; pass. **qyryh-** [kirēh-]; pp. **kyrd** [kird]; inf. **qyrdn**
kwn'n	[kunān] Pe., pres. pt., 'doing'
kwnd	see under *kwn-*
kwnyšn	[kunišn] Pe. 'action, activity, work'
qwnyšngr	[kunišngar] Pe. 'creator, doer, performer'
kwr	[kōr] Pe. 'blind'
kwrbg	[kurbag] Pe. 'humble dwelling, hut'
kws	[kōs] Pth. 'district, region'
kwstg	[kustag] Pe. 'side'
kwš	see under *kw*¹
kwš-	[kōš-] c. 'strive, struggle'; secondary pp., Pth., **kwš'd** [kōšād]; inf., Pe., **qwšydn** [kōšīdan]
kwš'n¹	[kušān] pr. name in Pe. 'the Kushans'
kwš'n²	see under *kw*¹
kwšt	[kušt] c., pp., 'killed'

kwštyh   [kuštai] pr. name in Pe. 'Koustaios'
kwt, kwt'n   see under *kw*[1]
qwyl   [kuyīl] Turkish pr. name in Pe.
ky   [kē] c., rel. pro., 'who, which'; with suff. pro.
                     sg. 1, **kym**; 2, **kyt**; 3, **kyš**; pl. 3, **kyš'n**. In Pth.
                     used occasionally as a rel. particle
kybyc   [kēbiz] Pe. 'however, but'; with suff. pro. pl. 3,
                     kybycwš'n
kyc   [kēž] Pth. 'anyone'; **kyc kyc** 'each one, every-
                     one'; **hrw qyc** 'everyone'; **'ny kyc** 'another
                     person'
qyf'h   [kaifah] Jewish pr. name in Pth. 'Caiaphas'
kyh   [keh] Pe. 'smaller, less'
kyn   [kēn] c. 'vengeance, revenge'
qynšryy   [*qennešrē] Semitic (?) pr. name in Pe.
kynw'r   [kēnwār] Pe. 'vengeful'
qyrb   [kirb] Pe. 'form, shape'
kyrbg   [kirbag] c., adj., 'good, pious'; subst. 'goodness,
                     piety, charity'
qyrbgyft   [kirbagīft] Pth. 'goodness, piety, charity'
kyrbgyh   [kirbagīh] Pe. 'goodness, piety, charity'
kyrbkr   [kirbakkar] c. 'beneficent, virtuous, pious'; as
                     subst., 'the Beneficent One' (of Mani)
kyrbkrz'dg   [kirbakkarzādag] pr. name with Pe. text
kyrd[1]   [kird] Pe. 'fact, reason'; **'c 'yd kyrd** 'for this
                     reason'
kyrd[2]   see under *kwn-* (Pe.), *kr-* (Pth.)
kyrdg'n   [kirdagān] c. 'action, act, deed'
kyrdg'r   [kirdagār] c., adj., 'mighty, powerful'; subst.
                     'mighty one; creator'
qyrdg'ryft   [kirdagārīft] Pth. 'might'
kyrdg'ryh   [kirdagārīh] Pe. 'might'
kyrdyr   [*kirdēr] c., pr. name
qyrt   see under *kr-*
qyryh-   see under *kwn-*
kyš[1]   [kēš] Pe. '(false) teaching'; only in the pl. 'alien
                     faiths'
kyš[2]   see under *ky*
kyšf'n   [kišfān] Pth. 'seed'
qyšfr   [kišfar] Pth. 'clime, region (of the world)'; **'ym
                     hft qyšfr šhr** 'this world of seven climes'

kyšt	see under *k'r-*
kyšwr	[kišwar] Pe. 'clime, region (of the world); quarter (of the compass); region (generally)'
qyšwrw'ryzd	[kišwarwāryazd] Pe. 'world-bearing god', probably the Column of Glory
qyšyh-	[kēsēh-] Pe., pass., 'be taught'
kyt	see under *ky*
kyy	[kay] Pe., interrog. adv., 'when?'; **d' 'w kyy** 'until when?'
l'b	[lāb] Pth. 'entreaty, supplication'
l'lmyn	[lālmīn] Pth., adv., 'for ever, eternally'; adj. 'eternal'
lmtyr	[lamtēr] c. 'lamp'
lrz	[larz] Pth. 'shiver, trembling'
lrz-	[larz-] Pth. 'tremble'
lwg	[lōg] Pth. 'world'
lwgd'r	[lōgðār] Pth. 'ruler of the world; overlord, high king'
lwgšhr	[lōgšahr] Pth. 'kingdom of the world'
lwgyg	[lōgīg] Pth. 'worldly'
lwy'tn	[lewyātin] Semitic pr. name in Pth. 'Leviathan'
-m	[-(o)m] c., suff. pro. sg. 1, 'me'
m'	[mā] c., neg. particle, 'not'; **m' 'gr** 'may it not be that ...'
m'byc	[mābiz] Pe. 'indeed not'
m'd	[mād] c. 'mother'; in Pe. usually nom. or voc., in Pth. frequently also oblique
m'dr	[mādar] c. 'mother'; rare in Pth., in Pe. usually oblique
m'dy'n[1]	[mādayān] Pe. 'book, writing'
m'dy'n[2]	[mādayān] Pe. 'capital (of wealth)'
m'h[1]	[māh] c. 'moon'
m'h[2]	[māh] c. 'month'; pl. **m'h'n** (Pth.); **m'hyg'n** (Pe.)
m'hmy	[māhmī] pr. name in Pe. of a demon
m'hyg	[māhīg] Pe. 'fish; the zodiacal sign Pisces'
m'hyg'n	see under *m'h*[2]
m'hyzd	[māhyazd] Pe. 'moon'
m'm	[mām] Pe., in the phrase **m'm wsyn**, see bt 4, notes

-m'n	[-mān] c., suff. pro. pl. 1, 'us'
m'n	[mān] c. 'house, abode'; **m'n m'n** 'house by house, every house'
m'n-	[mān-] c. 'remain, stay; inhabit, dwell'; pp. **m'nd** [mānd] Pe. only
m'n'g[1]	[mānāg] Pe., pres. pt., 'remaining, dwelling'
m'n'g[2]	[mānāg] Pe., pres. pt./adj., 'resembling, like'; **m'n'g** ... **c'wn** 'like ... as'; **m'n'g** ... **'w** 'like to'
m'nbyd	[mānbed] Pe. 'master of the house, house-lord'; **m'nbyd yzd** 'the House-Lord God' i.e. Atlas
m'nd	see under *m'n-*
m'ng	[mānag] Pth. 'mind'
m'nh'g	[mānhāg] Pth., pres. pt./adj., 'resembling, like'; **m'nh'g** ... **cw'gwn** 'like ... as'; **m'nh'g** ... **'w** 'like to'
m'ns'r'r	[mānsārār] Pe. 'head of the house; presbyter (3rd in rank in the Man. hierarchy)'
m'nsrd'r	[mānsarδār] Pth. 'head of the house, presbyter (3rd in rank in the Man. hierarchy)'; misprinted, cu 28
m'ny	[mānī] c. Semitic pr. name of the prophet; with suff. -', **m'ny'**, **m'ny'h**; with suff. -*w*, **m'nyw**
***m'ny' xyws**	[māniā-xaios] Pe. 'Manichaios, Mani'
m'nynd	[mānend] Pth., pres. pt., 'abiding; inhabitant'
m'nyndg	[mānendag] Pth. 'inhabitant'
m'nyst'n	[mānestān] c. 'dwelling-place, house; Man. monastery'; in Pth. only, also an astronomical technical term 'ten seconds'
m'nyw	see under *m'ny*
m'r, m'ry	see *mry*
m'sy'g	[māsyāg] Pth. 'fish'
m'yg[1]	[māyag] Pe., adj., 'female'
m'yg[2]	[māyag] Pe. 'substance, matter'
m'zdys	[māzdēs] Pe. 'Mazda-worshipping'; an epithet of the Zor. religion, adopted for Manichaeism
m'zmn	[*māzman] Pe., adj. for the 6th earth
md	[mad] Pe., pp., 'came, went'; inf. **mdn** [madan]
mdr'm	[*madrām] Pe. 'joyful (?)'
mdy'n	[maδyān] Pth., prep., 'among, amid, between'; **'c mdy'n**, compound prep., 'from among'
***mdynt'**	[madīntā] Syriac word in Pe. 'town (?)'

mgbyd	[maγbed] Pth. 'mobed, Zor. priest'
mgwnyft	[*maγōnīft] Pth. 'brutishness'
mgyn	[maginn] Pe. 'shield'
mgynd	[magind] Pth. 'shield'
mhr	[mahr] Pe. 'hymn, short hymn'
mhr'spnd'n	see *'mhr'spnd'n*
mhrn'mg	[mahrnāmag] Pe. 'hymn-book'
mhrsr'y	[mahrsrāy] Pe. 'hymn-singer, cantor' (an office-holder among the Elect)
mhy	[mahy] Pe. 'bigger'
mhystg	[mahistag] Pe. 'elder, presbyter' (3rd in rank in the Man. hierarchy, a synonym of *m'ns'r'r*)
mn	[man] c. 'me'; with suff. -*c*, **mnyc**, **mnc**; with suff. -', **mn'**
mn-	[man-] Pe. 'think, reflect'
mn'n	[manān] Pth. 'mine, my', in verse only
mn'st'r	[man-āstār] Pth., two words written as one, 'my sin(s)'
mnbyc'	[man-bēz-ā] Pe. 'but by me'
mnwhmyd, mnhmyd	[*manohmed] c. 'mind, intelligence'; **mnwhmyd wzrg**, Pth. only, 'the Great Nous'
mnyšn	[manišn] Pe. 'thought, intention'
mr[1]	[mar] Pe. 'number'
mr[2]	see *mry*
mrd	[mard] Pth., occasionally also Pe., 'man'
mrdwhm	[mardōhm] c. 'mankind, men, people'; also sg. 'man', pl. **mrdwhm'n** 'men, people'
mrdwhmg	[mardōhmag] Pth. 'man'
mrdyft	[mardīft] Pth. 'manliness'
mrdyhng	[?] Pe., subst., a person with some evil quality
mrg[1]	[marg] Pe. 'death'
mrg[2]	[marγ] place name in Pth. 'Marg, Marv'
mrg[3]	[marγ] Pth. 'wood, meadow'
mrkywn	[markyōn] foreign pr. name in Pe. 'Marcion'
mrn	[maran] Pth. 'death'
mrnyn	[maranēn] Pth. 'of death'
mrw	[marw] Pe. 'herbage, grass'
mry, mr, m'ry, m'r	[mār] c., Semitic honorific, 'my lord, lord'; written before, and sometimes combined with, a proper name
mrym	[miryam] c., Semitic pr. name, 'Miriam'

mrysysynyg	[mār-sisinīg] Pe. 'of the Lord Sisinnios'
mrz	[marz] Pth. 'boundary, border'
mrz-	[marz-] Pe. 'mate, co-habit'
mrzynyd	[marzēnīd] Pe., secondary pp., caus., 'having caused to mate'
mrzyšn	[marzišn] Pe. 'mating, coition'
ms	[mas] Pth. 'further, furthermore, yet'
ms'dr	[masādar] Pth. 'greater, older, of higher rank'
mst	[mast] c. 'drunk, intoxicated'
mstgrg	[*mastaɣrag] Pth. 'brain, skull (?)'
mstwbryy	[*mastubarī] Pe. 'tyranny'
mstyft	[mastīft] Pth. 'drunkenness'
mstyy	[mastī] Pe. 'drunkenness'
msyšt	[masišt] Pth. 'greatest, highest'
mšyh'	[mašīhā] c. 'Messiah'
mwhr	[muhr] c. 'seal'
mwhrg	[muhrag] Pth. 'vertebra'
mwjdg	[muždag] Pth. '(good) news, message'
mwjdgd'g	[muždagdāg] Pth. 'messenger'
mwqr'nyg	[?] Pth., title of a group of hymns
mwmyyn	[*mōmīn] Pe. 'exorcism (?)', see dr 2, notes
mwrd[1]	[murd] c., pp./adj., only in pl. **mwrd'n** 'the dead'
mwrd[2]	see under *myr-*
mwrd'hyz	[murdāhēz] c. 'raiser of the dead, redeemer'
mwrd'xyz	[murdāxēz] c. 'raiser of the dead, redeemer'
mwrdg	[murdag] c. 'dead'
mwrdy'ng	[murdiyānag] Pe., pr. name of the first woman, 'Eve'
mwrg	[murɣ] Pth. 'bird'
mwrg'ryd	[morɣārīd] Pth. 'pearl'
mwrgw'g	[murɣwāg] Pth. 'daybreak, dawn'
mwrt	[murt] Pth. 'death'
mwrw	[murw] Pe. 'bird'
mwrw'h	[murwāh] Pe. 'omen'
mwrzydg	[murzīdag] Pe. 'persecuted'
mwrzyh-	[murzīh-] Pe., pres. pass., 'be persecuted'; secondary pp. **mwrzyd** [murzīd]
mwxš	[mōxš] Pth. 'salvation'
mwxšyg	[mōxšīg] Pth. 'of salvation'
mwy-	[mōy-] Pe. 'mourn'

mwy'g	[mōyāg] Pe. 'mourning, bewailing'
my, myy	[may] c. 'wine'
my'n	[mayān] Pe. 'among, in the middle of, between'
my'ng	[mayānag] Pe. 'middle, waist'
mycrym	[mičrēm] place name in Pth., 'Egypt' (used as a metaphor for the material world)
myg	[mēγ] Pth. 'cloud'
mygdyyn	[miγδēn] Pth. 'of fruit'
myh	[meh] Pe. 'greater'
myh'yl	[mīhaēl] Semitic pr. name in Pth. 'Michael'
myhg'r	[*mehgār] Pth. 'harm, damage'
myhm'n	[mehmān] Pth. 'guest'
myhr[1]	[mihr] c. 'Mihr'; **myhr m'h**, the 7th month
myhr[2]	[mihr] Pth. 'sun'
myhrb'n	[mihrbān] Pth. 'kind, kindly'
myhrš'h	[mihršāh] Pe. proper name in Pth.
myhryzd[1]	[mihryazd] c. 'the divine being Mithra'; used for two Man. divinities, in Pe. the Living Spirit, in Pth. the Third Messenger
myhryzd[2]	[mihryazd] Pth. 'the sun'
myl'd	[*mīlād] Pe. 'mantle (?)'
mylysg	[?] Pe. ?
myn	[mēn] Pe. 'vengeance'
mynwgyh	[mēnōgīh] Pe. 'spirit'
myr-	[mīr-] c. 'die'; pp. **mwrd** [murd]
myrd	[merd] Pe. 'man'
myš	[mēš] Pth. 'sheep'
myšg	[mēšag] c. 'always'
myšwn	[mēšūn] Semitic place name in Pth. 'Mesene'
mytr	[maitr] c. 'Maitreya, the coming Buddha', used of Mani
mytr'gr	[maitrāgar] Pe., incantational variant on *mytr*, q.v.
mytrg	[maitrag] c. 'Maitreya, the coming Buddha', used of Mani
myw	[mēw] Pe. 'fruit'
myx	[mēx] Pth. 'nail, rivet'
myx'yl	[mīxaēl] Semitic pr. name in Pe. 'Michael'
myzd	[mizd] Pe. 'reward'
myzdg	[mizdag] Pe. '(good) news, message'

myzdgt'c	[mizdagtāz] Pe. 'messenger'; **myzdgt'c yzd** 'Messenger God', a name for the divinity Call (cf. Pth. *xrwštg*)
myzdgt'cyh	[mizdagtāzīh] Pe. '(good) news, gospel'
mzn	[mazan] Pe., adj., 'monstrous'; subst. 'giant demon, monster'
mzndr	[mazandar] Pe. 'more monstrous'
n'cr'y	[nāčrāy] Pth. 'Nazarene'
n'f, n'p	[nāf] Pe. 'family'; pl. **n'f'n** 'peoples'
n'fg, n'pg	[nāfag] c. 'centre, middle'
n'frz'ptg	[nāfrazāftag] Pe. 'unfinished'
n'g	[nāg] Pth. 'sinless, free from sin'
n'm	[nām] c. 'name, fame'; **n'm br-** 'speak of, mention'
n'md'r	[nāmdār] Pe. 'famous'
n'mgyn	[nāmgēn] c. 'famous'
n'n	[nān] Pe. 'bread, food'; **n'n xwrdn** 'to eat'
n'pzyndg	[nāfzīndag] Pe. 'the living family', i.e. the Man. community.
n'w	[nāw] c. 'ship'
n'w'z	[nāwāz] c. 'helmsman, pilot'
n'y	[nāy] Pe. 'pipe, drain; flute'
n'ypzd	[nāypazd] Pe. 'flute-player'
n'z	[nāz] Pth. 'pleasure, delight'
n'z-	[nāz-] c. 'take pleasure, delight; exult, triumph'
n'z'g	[nāzāg] Pe. 'triumphant'
n'zwg	[*nāzōg] c. 'graceful, delicate (?)' (unless 'proud, triumphant (?)')
n'zwgy´zd	[*nāzōgyazd] pr. name of a Teacher of the eastern patriarchate
n'zyšn	[nāzišn] Pe. 'coquetry, blandishment'
n´y-	[nay-] Pe. 'lead'; pp. **nyyd** [nīd]; inf. **nyydn**
nb'm	[*niβām] Pth. 'dull (?)'
nb'st	[nibāst] Pe., pp., 'cast down'
nbdmn	[*nibaδman] Pth. 'couch (?)'
nbrd'd	[nibardād] Pth., secondary pp., 'fought'
nbrdg	[nibardag] Pth. 'warlike, contentious'
nby'	[nabīyā] pr. name in Pe.
nbyg	[nibēg] c. 'writing, book'

nbyg'n-ng'r	[nibēgān-nigār] Pe. 'painter of books, book-illuminator'
nbyn	[*nabēn] Pth. 'malicious, cunning'
nbys-	[nibēs-] c. 'write'; pp. **nbyšt** [nibišt]; inf. **nbyštn**
nbys'g	[nibēsāg] Pe. 'writer'
ncyd	see under *ncyn-*
ncyh-	[nizēh-, Pe., nižēh-, Pth.] c. 'teach'; pp. **ncyst** [nizist] Pe. only
ncyh'g	[nizēhāg] Pe. 'teacher'
*ncyh'n	[nizēhān] Pe., pres. pt., 'teaching'
ncyn-	[nizīn-, Pe., nižīn-, Pth.] c. 'pile up, heap together'; pp. **ncyd** [nizīd] Pe. only
ncyst	see under *ncyh-*
nd	[naδ] Pth. 'pipe, flute; cane, rod'
nfryn	[nifrīn] Pe. 'curse'
ng'd	[niγāδ] Pth. 'prayer; obeisance'
ng'h	[nigāh] Pth. 'heed, attention'
ng'n	[nigān] Pth. 'treasure'
ng'r	[nigār] Pe. 'painting, picture'
ng'r-	[nigār-] c. 'paint, draw'; pp. **ng'rd** [nigārd] Pe.
ng'rgr	[nigārgar] Pe. 'painter'
ng'y-	[niγāy-] Pth. 'pray, supplicate'
ngn	[naγn] Pth. 'bread'
ngnd	[nigand] c., pp., 'buried'
ngwc-	[nigōz-] Pe. 'bend, bow'; secondary pp. **ngwcyd**
ngwnd-	[niγund-] Pth. 'cover, veil, clothe, hide'; pp. **ngwst** [niγust]
ngws'r	[nigūsār] Pth. 'downwards, down'
ngwš-	[niγōš-] Pth. 'hear'
ngwš'g	[niγōšāg] Pth. 'Hearer, Auditor'
nh'y-	[nihāy-] Pe. 'harry, cut to pieces'
nhcyhr	[nahčihr] Pe. 'hunting'
nhrysyd	[*nihrisīd] Pe., secondary pp., 'formed, shaped'
nhwm	[nahom] Pth. 'ninth'
nhwm-, nhwmb-	[nihumm-, nihumb-] Pe. 'cover, guard; hide, conceal'; pp. **nhwpt** [nihuft]
nhwmb'g	[nihumbāg] Pe. 'guardian'
nhwn	[*nihōn] Pe. 'creation, blending together (?)'
nhwptgyh'n	[nihuftagīhān] Pe. 'secret things'

nhwyn	[*nahwēn] Pe. 'first meal (of the day), breakfast'
nhxt	see under *nhynj-*
nhym'ng	[*nahemānag] Pth. 'turning away, withdrawing (?)'
nhynj- (Pth.), **nhynz-** (Pe.)	[nihēnǰ-, Pth., nihēnz-, Pe.] c. 'hold back, refrain; retain, keep'; pp. **nhxt** [nihaxt] c.
nm'c	[namāz, Pe., namāž, Pth.] c. 'bow, obeisance'
nm'y-	[nimāy-] c. 'show'; pp. **nm'd** [nimād] Pth., **nmwd** [nimūd] Pe.; short inf. **nm'd**, Pth.
nmbr-	[nambar-] Pe. 'honour, revere'
nmr	[namr] Pth. 'pliable, humble, meek'
nmryft	[namrīft] Pth. 'meekness, docility'
nmstyg	[nimastīg] Pth. 'supplication'
nmwd	see under *nm'y-*
nmwšt	[nimušt] Pth., pp., 'made smooth'
nmwy-	[namōy-] Pth. 'honour'
nmyzyšn	[nimēzišn] c. 'incitement, provocation, urging'
nng	[nang] Pth. 'shame'
npš'	[*nafšā] pr. name in Pe.
nr	[nar] c. 'male'
nrdys	[nardēs] Pe. 'of male form'
nrg'n	[*naragān] pr. name of Indian yakṣa in Pth.
nrh	[narah] Pth. 'hell'
nrhyg	[narahīg] Pth. 'hellish'
nrjmyg	[narǰamīg] Pe. 'male twin'
nrm	[narm] Pe. 'humble, meek'
nrsws	[*narsus] pr. name of angel in Pe.
nrwyyr	[narwīr] Pe. 'man'
nrym'n	[narēmān] Pe. 'of manly mind, brave'
nrysf (Pth.), **nrysh** (Pe.)	[narisaf, Pth., narisah, Pe.] c., pr. name of a Zor. divinity, 'Nairyōsaŋha', used for the Man. Third Messenger
nrysfyzdyg	[narisafyazdīg] Pth. 'of the Third Messenger'
nrysh	see *nrysf*
ns	[nas] Pe. 'impurity, pollution'
ns'h	[nasāh] Pe. 'corpse' (used as a term for the body)
ns'hyn	[nasāhēn] Pe. 'corporeal'
ns'w	[nasāw] Pth. 'corpse' (used as a term for the body)

nstykws	[nastikūs] pr. name of angel in Pe.
nsyh	[*nasīh] Pe. 'destroyed, aborted (?)'
nš'y-	[nišāy-] Pe. 'place, set, put; establish, found'; pp. **nš'st** [nišāst]
nšyd-	[nišīd-, Pe., nišīδ-, Pth.] c. 'sit, settle oneself'; pp. **nšst** [nišast]; short inf. **nšst**
nšyl-	[nišēl-] Pth. 'set, settle, place'
nšym	[nišēm] Pe. 'seat'
nšyy-	[nišīy-] Pe. 'sit, settle oneself'
*nw	[nō] Pe. 'nine'
nw-	[naw-] Pth. 'move, go'
nw'c-	[niwāž-] Pth. 'speak kindly to, treat kindly, honour'
nw'cyšn	[niwāzišn] Pe. 'kindly utterance' or 'honouring'
nw'g¹	[nawāg] Pth. 'new'; **nw'g nw'g** 'ever new'
nw'g²	[niwāg] c. 'melody, tune'; **pd** ... **nw'g** 'to the tune of ...'
nw'gyft	[niwāgīft] Pth. 'kindly speech, kindliness, gentleness'
nw'r	[?] Pth., ?
nwg	[nōg] Pe. 'new'; **nwg nwg, nwgnwg** 'ever new'
nwgm'h	[nōgmāh] Pe. 'new moon'
nwgšhr'pwr yzd	[nōgšahrāfur yazd] Pe. 'the god creating the New Aeon', i.e. the Great Builder
nwh	[nōh] Pe. 'nine'
nwhz'dg	[nūhzādag] pr. name in Pe. 'Bar-Nūḥ'
nwm	see *nwwm*
nwm'h	[nōmāh] Pe. 'new moon'
nwn	[nūn] Pe. 'now'; **'c nwn prwn** 'from now onwards, henceforth'; **d' 'w nwn** 'till now'
nwn-	[niwinn-] Pe. 'begin'; pp. **nwyst** [niwist]. Regularly construed with pres. pt. in -*'n*, exceptionally, in late text, with inf.
nwnyšn	[niwannišn] Pe. 'binding, tie, connexion'
nwrd	[niward] Pth., pp., 'sunk, set (of the sun)'
nwš	[nōš] Pth. 'ambrosia'
nwwm, nwm	[nowom] Pe. 'ninth, ninthly'
nwx	[nox] c. 'beginning, origin'; **'c nwx** 'in the beginning'
nwxwyr	[noxwīr] Pe. 'the first man, Adam'

nwxz'd	[noxzād] Pth. 'first-born'
nwyst	see under *nwn-*
nxrwh-, nyxrwh-	[nixrōh-] Pe. 'reproach'; pp. **nyxrwst** [nixrōst]; secondary pp. **nxrwhyd**
nxšg	[naxšag] Pth. 'good, fine, splendid; well'
nxwryg	[naxurēg] Pe. 'first-born'
nxwrygrwšn	[naxurēgrōšn] pr. name in Pe. 'First-Born of the Lights'
nxwst, nxwyst	[naxwist] Pe. 'first'; **'c nxwst** 'at first, in the beginning'
nxwstyn, nxwystyn	[naxwistēn] Pe. 'first, original'
nxwšt	[naxwišt] Pth. 'first; at first'
nxwyn	[naxwēn] c. 'first, original'
ny	[nē] c., neg. particle, 'not'; with suff. *-c*, **nyc**, **nyyc**
ny'bg	[niyābag] c. 'fitting, suitable'
ny'g	[niyāg] c. 'ancestor'
ny'm	see *nyy'm*
ny'n	[niyān] Pe. 'treasure, store'
ny'z	[niyāz] c. 'want, need'
ny'zxwndyy	[niyāzxwandī] Pe. 'neediness, beggary'
nybr'n	[niβrān] Pth. 'Nirvana'
nyc	see under *ny*
nyd'mg	[niδāmag] Pth. 'sheath, covering'
nydf'r	[niδfār] Pth. 'haste'
nydf'r-	[niδfār-] Pth. 'hasten, hurry'; pp. **nydfwrd** [niδfurd]
nydfwrdg	[niδfurdag] Pth. 'hastening, swift'
nydfwrdystr	[niδfurdestar] Pth. 'swifter'
nydrxt	[nidraxt] Pth., pp., 'oppressed, subdued'
nyh'dg	[nihādag] Pe. 'put down, set down'
nyjd'd	[nijdād] Pe. 'unjust'
nyk	[nēk] Pe. 'good, pretty, fair; well'
nykyh	[nēkīh] Pe. 'goodness'
nymm'h	[nēmmāh] Pe. 'mid-moon, full moon'
nymrwc[1]	[nēmrōz] Pe. 'midday'
nymrwc[2]	[nēmrōž] Pth. 'south'
nymwš	[?] Pe. 'gentle (?)'
nyr'm-[1]	[nirām-] Pe. 'cast down, throw down'; pp. **nyr'pt** [nirāft]

nyr'm-²	[nirām-] Pth. 'hold back, restrain, suppress'
nyr'myšn	[nirāmišn] Pe. 'layer' (attested only for the 4 lower earths)
***nyr'myšnbyd**	[nirāmišnbed] Pe. 'lord of the layers'
nyr'pt	see under *nyr'm-*¹
nyrd	[*nerd] Pth., adv., 'thither'; prep. 'near'
nyrwg	[nērōg] Pe. 'strength'
nyrwg'wynd	[nērōgāwend] Pe. 'strong'
nyrwg'yn-	[nērōgāyēn-] Pe. 'strengthen'
nys'g	[nisāg] Pth. 'bright, splendid'
nys'gyft	[nisāgīft] Pth. 'brightness, splendour'
nys'gyn	[nisāgēn] Pth. 'bright, brilliant, splendid'
nys'r'd	[nisārād] Pth., secondary pp., 'begun'
nys'ž-	[nisāž-] Pth. 'prepare, make ready'
nysdyl	[nisadēl] Semitic pr. name of angel in Pth.
nyspwrd	[nispurd] Pe., pp., 'downtrodden'
nyspy-	[nispay-] Pth. 'bend, bow'; **z'nwg nyspy-** 'bend the knee'; pp. **nysp'd** [nispād]
nyst	[nēst] Pe. 'is not'
***nysyhyst**	[nīsīhist] Pe., secondary pp. from pass. stem, 'set down, placed'
nyš'm	[*nišām] Pth. 'obscurity, darkness (?)'
nyš'n	[nišān] c. 'sign; banner, standard'; Pe. only, in the phrase **pd nyš'n ῾y** 'in the manner of, like'
nyšyd	see under *nyyš-*
nyw¹	[nēw] c., adj., 'good; brave, valiant'; adv. 'very, very much'
nyw²	[nēw] pr. name of Turkish Manichaean
nyw'gyrdy	[nēwāgirdī] Pe. 'beneficence'
nywbxt	[nēwbaxt] c. 'of good fortune, fortunate'
nywbxtyy	[nēwbaxtī] Pe. 'good fortune'
nywgr	[nēwgar] Pth. 'acting well, beneficent'; pl. as subst. 'the beneficent'
nyw-mwrw'h	[nēw-murwā] Pe. 'of good omen, fortunate'
nywn'm	[nēwnām] Pe. 'of good name, fair-famed'
nywr-	[niwar-] Pth. 'think, reflect'
nywš-, nyywš-	[niyōš-] Pe. 'listen, hear'
nywš'g	[niyōšāg] Pe. 'Hearer, Auditor'
nywš'gbyd	[niyōšāgbed] Pe. 'master of Hearers'
nywš'gc'n	[niyōšāgčān] Pe. 'woman Hearer, Auditrix'

nywyh'h	[nēwīhā] Pe. 'well'
nyxrwh-	see *nxrwh-*
nyxrwst	[nixrōst] Pe. 'reproach, reproaches'
***nyxrwst'r**	[nixrōstār] Pe. 'one who reproaches, rebukes'
nyxw'r-	[nixwār-] Pe. 'hasten, hurry; incite, urge'
nyy'm, ny'm	[niyām] Pe. 'sheath, covering'
nyyc	see under *ny*
nyyd, nyydn	see under *n'y-*
nyykq'mg	[nēkkāmag] Pe. 'well-wisher, friend'
nyys-	[nīs-] Pe. 'set, place, put; lay up, store up'; secondary pp. **nyys'd**; in the phrase **n'm nyys'd** 'named'
nyyš-	[nīš-] Pe. 'look, gaze'; secondary pp. **nyyšyd**
nyywš-	see *nywš-*
nyz'wr	[nizāwar] Pth. 'weak'
nyz'y-	[nizāy-] c. 'honour, reverence'; secondary pp., Pth. only, **nyz'y''d**
nyz'yšn	[nizāyišn] Pe. 'reverence'
nyzg	[nēzag] c. 'lance, spear'
nyzm'n	[nizmān] Pth. 'fog'
nyzwm'n	[nēzumān] c. 'skilful'
nyzwm'nyh	[nēzumānīh] Pe. 'skill, craftsmanship'
nz'r	[nizār] Pe. 'weakness'
nzd	[nazd] c., prep., 'near'; in Pth. compounded with *'w*, **nzd 'w**; in Pth. also adj., adv.
nzdyk	[nazdīk] Pe., adj., 'near'; as subst. 'one who is near, attendant'
p'cyh-	[pāzīh-] Pe., pass., 'be purified'
p'd[1]	[pāδ] Pth. 'foot'
p'd[2]	see under *p'y-*
p'd'r	[pādār] Pe. 'protector'
p'd'šyn	[pādāšin] Pe. 'reward, recompense'
p'db'rg	[pādbārag] Pth. 'payment for services, bribe'
p'dg'hyg	[pādγāhīg] Pth. 'enthroned'
p'dgr'w	[pādiγrāw] Pth. 'reception'
p'dgws	[pādgōs] Pth. in form, but also in Pe., 'region, district, quarter; diocese of a Teacher'; **'w 'yrg p'dgws rwn** 'towards the quarter of the south'
p'dgyrb	[pādgirb] Pth. 'form, figure, shape'

p'drwcg	[pādrōzag, Pe., pādrōžag, Pth.] c. 'day by day, daily'
p'dšnwhr, p'dyšnwhr	[pādišnōhr] Pth. 'recompense, satisfaction'
p'dšnwhryd	[pādišnōhrīd] mixed form in mixed text, secondary pp., 'recompensed'
p'dypr'h	[pādifrāh] Pe. 'punishment'
p'dys'gyh	[*pādēsāgīh] Pe. 'contempt, scorn'
p'dyxš'nyft	[pādixšānīft] Pth. 'rulership, rule, sovereignty'
p'dyxš'yh	[pādixšāyīh] Pe. 'rulership, rule, sovereignty'
p'dyz	[pādēz] Pe. 'autumn'
p'hr	[pāhr] Pe. 'watch-post'
p'hrbyd	[pāhrbed] Pe. 'master of the watch-post'
p'hrgbyd	[pāhragbed] Pe. 'master of the watch-post'
p'k	[pāk] Pe. 'clean, pure; free (from, **'c**)'
p'kdr	[pākdar] Pe. 'cleaner, purer'
p'kyh	[pākīh] Pe. 'cleanliness, purity'
p'ng	[pānag] c. 'guardian, guard'
p'nzdh	[pānzdah] Pe. 'fifteen'
p'r'y-	[pārāy-] Pe. 'purify'; pp. **p'rwd** [pārūd]
p'r'yšn	[pārāyišn] Pe. 'purification; purified substance'
p'rg	[pārag] Pe. 'present, bribe'
p'rgyn	[pārgēn] c. 'moat'
p'rs	[pārs] place name in Pth. 'Persia'
p'rsyg	[pārsīg] Pe. 'Persian'
p'rwd	see under *p'r'y-*
p'sb'n	[pāsbān] Pe. in form, but also in Pth., 'protector, guardian'
p'sb'nyh	[pāsbānīh] Pe. 'protection'
p'wlys	[pāulis] pr. name in Pe. 'Paul'
p'y[1]	[pāy] Pe. 'foot'
p'y[2]	[pāy] Pe. 'protector (?)'
p'y-[1]	[pāy-] c. 'stand, wait'
p'y-[2]	[pāy-] c. 'protect, guard'; pp. **p'd** [pād]
p'ygws	[pāygōs] Pe. 'region, district, quarter; diocese of a Teacher'
pc	[*paz] Pe., contraction of *pd* and enclitic *-c* ?
pd, pt	[pad] c., 'in, at, on, along, among, through, with, upon, on account of'; **pd nw'g** ... 'to the tune'; **pd n'm** 'by name, named'; with suff. pronouns, Pe. only, sg. 1 **pm** [pam]; 3 **pdyš** (see further under *pdyš*)

pd'n   [*pidān] Pe. 'our father, father (?)' (only nom. or voc.)

pd‛yš   see *pdyš*

pdbnd   [padβand] Pth. 'connexion, clamp'

pdbst   [padβast] Pth., pp., 'joined, joined together'

pdbws   [padβōs] Pth. 'longing, yearning'

pdbws-   [padβōs-] Pth. 'long for, yearn'

pdbwswr   [padβōswar] Pth., adj., 'yearning, longing'

pdfwrs-   [padfurs-] Pth. 'read'

pdg'm   [padγām] Pth. 'message'

pdgryft   see under *pdgyrw-*

pdgs   [padgas] Pth. 'look, countenance, face'

pdgwm'n   [padgumān] Pe. 'with suspicion, suspicious'

pdgyrw-   [padγīrw-] Pth. 'take, receive, accept'; pp. **pdgryft** [padγrift]

pdhynj-   [padhenj-] Pth. 'weigh'

pdk'r-   [padkār-] Pth. 'contend, strive'

pdkyšg   [*padkēšag] Pth. 'account, reckoning (?)'

pdm'dg   [padmādag] Pth. 'measured, apportioned, appointed (?)'

pdm'n   [padmān] Pth. 'measure; appointed number or place'

pdm's   [padmās] Pth. 'reason, judgment, understanding'

pdms'g   [padmasāg] Pth. 'reasonable'

pdmwc-   [padmōž-] Pth. 'put on' (of clothes, and figuratively); **pdmwxt** [padmuxt]; secondary pp. **pdmwc'd**; inf. **pdmwxtn**

pdmwcn   [padmōžan] Pth. 'garment, clothes'

pdmwg   [padmōg] Pth. 'garment, clothes'

pdmwxtg   [padmuxtag] Pth. 'put on, worn'

pdr   see *pydr*

pdr'm   [padrām] Pe. 'in peace'

pdr'st   see under *pdr'y-*

pdr'stg'n   [padrāstagān] Pth. 'well prepared'

pdr'št   see under *pdr'z-*

pdr'y-   [padrāy-] Pth. in form, but c., 'prepare, make ready'; pp. **pdr'st** [padrāst]; secondary pp. **pdr'y'd**

pdr'z-   [padrāz-] Pth. 'raise up, lift up'; pp. **pdr'št**

	[padrāšt] 'raised up; rose up'; secondary pp. **pdr'z'd** 'raised up'
pdrf-	[padraf-] c. 'attack'
pdrwb-	[padrōb-] c. 'throw into confusion, rout'; pp. **pdrwft** [padruft]
pdrz-	[padraz-] Pth. 'rise up; run, rush (upon, **br**)'
pdw'g	[padwāg] Pth. 'reply, response'
pdw'xtg yzd	[padwāxtag yazd] Pth. 'the Answer God' (cf. Pe. **'zdygr yzd**)
pdw'z	[padwāz] Pth. 'adherence, following; retinue (?)'
pdwh-	[padwah-] Pth. 'pray, entreat'; secondary pp. **pdwh'd**
pdwhn	[padwahan] Pth. 'supplication, prayer'
pdwz	[*padwaz] Pe 'might (?)'
pdxš'h-	see *pdyxš'h-*
pdxšr	see *pdyxšr*
pdxšr'wnd	see *pdyxšr'wynd*
pdxwn'd	[padxunād] Pth., secondary pp., 'played, sounded' (of musical instruments)
pdy'b	[padyāb] Pth. 'counterthrust, opposition'
pdyc	[padīž] Pth., prep., 'towards, to; opposed to'
pdycg	[padīžag] Pth., prep., 'according to (?)'
pdycyhr, pdychr	[padižihr] Pth. 'instead of, in (his) stead (?)'
pdyn	[pidēn] Pth. 'fleshy, corporeal, physical'
pdyr-	[padīr-] Pe. 'take, receive, accept'; pass. **pdyryh-** [padīrīh-] 'be received'; pp. **pdyryft** [padīrift]; inf. **pdyryftn**
pdyrg	[padīrag] Pe. 'towards, against'
pdyrw'g	[padīrwāg] Pe. 'one who receives, receiver'
pdys'y	[padisāy] Pe., prep., 'according to, because of; following, after'
pdyst	[padist] Pth. 'promise'
*pdyst'w	[padistāw] c. 'promise'
pdyst'wg	[padistāwag] Pe. 'promise'
pdystwd	[padistūd] Pth., pp., 'promised'
pdyš, pd'yš	[padiš] Pe. 'to him/it' etc. (cf. *pd*); postp. 'at, by'
pdyšfr'wnd	[padišfarāwand] Pth. 'honoured'
pdyšt	[padišt] Pth. 'place, home' (used of Paradise as the true home of the spirit); pl. 'places,

	stations' (used of the prophets and fathers of the faith, as 'stations' in the progress of divine revelation)
pdyxš'h-, pdxš'h-	[padixšāh-] Pth. 'have power, rule, reign'
pdyxšr, pdxšr	[padixšar] Pe. 'honour'
pdyxšr'wynd, pdxšr'wnd	[padixšarāwend] Pe. 'honoured, worthy of honour'
pdyxšr'yyn-	[padixšarāyēn-] Pe. 'show honour to, honour'
pdyyz-	[padīz-] Pe. 'chase away, drive off'
***phlw'nyg**	[pahlawānīg] Pe. 'Parthian'
phlwm	[pahlom] Pe. 'foremost, chief'
phrbr	[pahraβar] Pth. 'watchman, guardian'
phrg	[pahrag] c. 'watch-post'
phrgb'n	[pahragbān] Pth. 'keeper of a watch-post'
phryz-[1]	[pahrēz-] Pe. 'stand around, care for, protect; exist, be'; pp. **phryst** [pahrist]
phryz-[2]	[pahrēz-] Pe. 'keep away (from, **'c**)'
phryz-[3]	[pahirēz-] Pe. 'flow'
phryz'n	[pahrēzān] Pe., pres. pt., 'existing, being; turning around, revolving'
phryzyn-	[pahrēzēn-] Pe. 'care for, protect, guard'
phryzyn'g	[pahrēzēnāg] Pe. 'one who cares for, protector'
phryzyšn	[pahrēzišn] Pe. 'moving around, cycle, revolution; protection'
phybwrs-	[pahiburs-] Pe. 'recite, say aloud'
***phybwst**	[*pahibust] Pe., pp., 'desired, longed for (?)'
phyk'r	[pahikār] Pe. 'strife, battle'
phykn-	[pahikan-] Pe. 'pierce, penetrate, fill'; pp. **phyknd** [pahikand]
phykr	[pahikar] Pe. 'painting, image'
phykym-	[pahikem-] Pe. 'shape, build'; secondary pp. **phyqym'd**
phykyrb	[pahikirb] Pe. 'form, figure'; with suff. pro. sg. 2, **phykyrbwd**
phyp'r-	[pahipār-] Pe. 'fill (trans.)'
phypwrs-	[pahipurs-] Pe. 'recite aloud'; secondary pp. **phypwrsyd**
pm	see under *pd*
pn'h	[panāh] Pe. 'refuge'

pn'hgryptg	[panāhgriftag] Pe. 'having taken refuge, seeker of refuge'
pnc	see *pnz*
pncyxz'n	[*panzixazān] Pe. 'having five strong notes (?)' (used of a melody)
pnd¹	[pand] Pe. 'path'
pnd²	[pand] c. 'counsel'
pnd'n	[pandān] Pth. 'path'
pndp'y	[pandpāy] Pe. 'one who waits, attends'
pndwrg	[pandūrag] Pth. 'lute (?)'
pnj	[panj] Pth. 'five'; pl. **pnjn'n**
pnj'st	[panjāst] Pth. 'fifty'
pnjwm	[panjom] Pth. 'fifth'
pnjwyst	[panjwīst] Pth. 'twenty-five'
pnz, pnc	[panz] Pe. 'five'
pnzg'h	[panzgāh] Pe. 'the five Gāthā (days)'
pnzwm	[panzom] Pe. 'fifth'
pr	[parr] Pe. 'feather, wing'
pr-	see in many cases under *fr-*
pr'dng, pr'dnng	[frādang] Pe. 'furtherance, advancement'
pr'gnd	[parāgand] Pth., pp., 'scattered, sown'
pr'r'z-	[frārāz-] Pe. 'stretch out'; pp. **pr'r'st** [frārāst]
pr't	[frāt] river name in Pe. 'Euphrates'
pr'whr	[frāwahr] Pe. 'ether (as the 'spirit' of the five Light Elements); air'
pr'whryn	[frāwahrēn] Pe. 'of ether'
pr'yd'nyšnyg	[frāydānišnīg] Pe. 'greater knowledge' (with -*yg* by scribal error for -*yh*)
pr'yst	[frāyist] Pe. 'most'
pr'zyšt	[frāzišt] Pe. 'afar off, to a distance, for ever'. Only in phrases with *j'yd'n*, e.g. **'w pr'zyšt 'wd j'yd'n** 'for ever and eternally'
*prbys-	[frabēs-] Pe. 'be harmed, afflicted'
prc'r	[paržār] Pth. 'prohibition'
prc'r- (c.), prz'r- (Pe.)	[paržār, Pe., paržār-, Pth.] c. 'withhold, keep back; withhold oneself, keep oneself back; refrain'
prct	[paržat] Pth., pp., 'gave up, sacrificed (?)'
prcyn	[parzīn] Pe. 'fence, wall'

prdxt	[pardaxt] Pe., pp., 'overpowered, defeated'
prdwz	z 18, misprint for *pdwz*, q.v.
prg	[parrag] Pth. 'fin'
prg'c-	[pargāž-] Pth. 'imprison, incarcerate'; pp. **prgšt** [pargašt]
prg'm-	[*fragām-] Pe. 'strive towards, desire (?)'
prg'myšn	[*fragāmišn] Pe. 'desire'
prg'r	[fragār] Pe. 'defeat'
prg'w-	[parγāw-] Pth. 'lack'
prgn-	[pargan-] Pe. 'scatter, sow'
prgšt	see under *prg'c-*
***prgwdg**	[parγūdag] Pth. 'deprived, bereft'
prh'nsrygr	[farrahānsrīgar] Pe., pr. name, 'the Female of the Glories (?)', used for Eve
prm'd	see under *prm'y-*
prm'ng	[parmānag] Pth. 'thought'; **pnj prm'ng** 'the five Thoughts' i.e. the five limbs of the Soul
prm'ngyn yzd	[parmānagēn yazd] Pe. 'the Thought God' i.e. Atlas
prm'w	[parmāw] Pth. 'terror'
prm'y-[1]	[parmāy-] c. 'think'; pp. **prm'd** [parmād]
prm'y-[2]	see *frm'y*
prm'yšn	[parmāyišn] Pe. 'thought, idea'
prmws-	[parmus-] c., inchoat. as pass., 'be terrified'
prmyn	[framēn] Pe. 'happy, fortunate'
prmyn-	see *frmyn*
prng'n	[parnagān] Pe. 'many-coloured damask'
prnybr'd	[parniβrād] Pth., pp., 'freed from rebirth, died and gone to Paradise'
prnybr'n	[parniβrān] Pth. 'blessed death, death in a state of holiness'
prnybr'nyg	[parniβrānīg] Pth. 'concerning blessed death'
prsrwd	see under *frsr'y-*
pršynz-	[paršinz-] Pe. 'flow'
prtwmyn	[fratomēn] Pe. 'first'
prw'n	[parwān] Pth., adv., 'before, forward'; prep. and postp. 'in front of, before'
prw'ng	[parwānag] Pe. 'leader'
prwdg	[?] Pe. 'belly (?)'
prwj	[*farrōj] Pe. 'lucky (?)'

prwn	[*parrōn] Pe. 'beyond', of place (with 'c); of time, in the phrase 'c nwn prwn 'from now onwards, henceforth'
prwnd-	[parwand-] Pth. 'beseech, implore'
prwr	[parrwar] Pe. 'winged'
prwr-	[parwar-] Pe. 'nurture, care for'; pass. prwryh- [parwarīh-]; pp. prwrd [parward]
prwr'g	[parwarāg] Pe. 'one who nurtures, cares for, tends'
prwryšn	see prwyryšn
prwrz	[parwarz] Pth. 'nourishment, food'
prwrz-	[parwarz-] Pth. 'nurture, care for'; secondary pp. prwrz'd
prwrzg	[parwarzag] Pth. 'one who nurtures, cares for; guardian'
prwxyd'r	[farroxīdār] Pe. 'possessor of fortunc, fortunatc'
prwyryšn, prwryšn	[parwerišn] Pe. 'nourishment, food'
prx'št	see under prxyz-
prxnyd	[?] Pth., possibly not a complete word
prxwdn	[*parxūdan] Pth. 'scorn, abuse'
prxyz	[parxēz] Pth. 'service'
prxyz-	[parxēz-] Pth. 'stand around, attend, serve; be, exist; dwell in, occupy'; pp. prx'št [parxāšt]
pry'b-	[paryāb-] Pth. 'attain, reach; overtake, come upon'; secondary pp. pry'b'd
pry'd-	[frayād-] Pe. 'help'
pry'd'g	[frayādāg] Pe. 'helper'
pry'dyšn	[frayādišn] Pe. 'help'
pryg¹	[parīg] Pe. 'she-devil'
pryg²	[*frēg] Pe. 'shoulder'
pryh	see fryh and fryyh
pryhyn	[frihēn] Pe. 'loving'
pryng	[pring] Pe. 'monochrome damask'
prysp	[parisp] c. 'wall'
pryst-¹	[parist-] Pe. 'serve; serve through worship, worship'
pryst-²	see fryst-
*prystr	[frestar] Pe. 'noxious creature, reptile'
prystrdys	[frestardēs] Pe. 'reptile-shaped'
pryšm'r	[parišmār] Pe. 'reckoning, accounting'

prywγ	[paryōγ] Pth. 'victory'
prywj	[paryōž] Pth. 'victory'
prywj'n	[paryōžān] Pth. 'victory'; used of the symbol of victory given to the saved soul
prywxt	[paryōxt] Pth., pp., 'overcome, conquered'
prz'r-	see *prc'r-*
przyd	[parzīd] Pe., pp., 'shut in, imprisoned; fixed in, fastened in'
przyr-	[parzīr-] Pe. 'keep away (from, 'c)'
przyw-	[frazīw-] Pe. 'live on, survive, propagate oneself'
przywyšn	[frazīwišn] Pe. 'propagation, generation'
ps	[pas] Pe. 'after, then'; **'c ps** 'from behind, from the rear'; **ps 'c** 'after'
ps'	[pasā] Pe. 'then, afterwards'; only with enclitic -c, **ps'c** [pasāz], or suff. pro. sg. 3, **ps'š** [pasāš]
ps'c-	[passāz-, Pe., passāž-, Pth.] c. 'make, prepare, fashion, arrange'; pp. **ps'xt** [passāxt] Pe.; secondary pp. **ps'c'd**, Pth.
ps'cyšn	[passāzišn] Pe. 'preparation, arrangement'
ps'gryw	[pasāgrīw] Pe. 'deputy, representative' (used of Mani's successor, the head of the Man. community)
ps'nyg	[pasānīg] Pe. 'follower, attendant, courtier'
ps'š	see under *ps'*
ps'xt	see under *ps'c-*
pscg	[passazag, Pe., passažag, Pth.] c. 'proper, suitable, fitting', used regularly with copula understood, 'it is fitting'
pswx	[passox] c. 'answer'
pš	[paš] Pth. 'then, after'; **'c pš** 'after'
pšg	[pašag] Pth. 'following, pursuing (with intent to steal) (?)'
pšgwn'w	[*pašγōnāw] Pth. 'unruly, obstinate (?)'
***pšqsg**	[?] Pth. 'sliced, in slices (?)'. Or possibly two words, **pš qsg**
pšqwc	[paškūz] Pe. 'winged monster, griffin'
pštg	[paštag] Pth. 'bound, fettered'
pšym'n	[pašēmān] c. 'penitent, regretful'
pšym'nyg	[pašēmānīg] Pe. 'penitent'

pt	see *pd*
pt'b-	[pattāb-] Pth. 'burn (into, **pd**)'
pt'y-	[pattāy-] Pe. 'endure, last, remain'
ptbg	[pattabag] Pth. 'splendour, radiance'
ptwd	[pattūd] Pth., pp., 'having endured, suffered'
pty'r	[patyār] Pe. 'assault, misfortune, mishap'
ptyg	[*pattēg] c., pr. name, 'Patecius'
pw'c-	[pawāž-] Pth. 'purify'; short inf. **pw'c'd**
pw'cyšn	[pawāžišn] Pth. 'purification'
pw'g	[pawāg] Pth. 'pure, holy'
pw'gyft	[pawāgīft] Pth. 'purity'
pw'gyn	[pawāgēn] Pth. 'pure'
pwhr	[puhr] Pth. 'son'
pwl'wd	[pōlāwad] Pe. 'steel'
pwn	[pun] Pth. 'service, meritorious act'
pwnw'r	[punwār] Pth. 'charitable food-offering, food given as alms'
pwnwnd, pwnwynd	[punwend] Pth. 'meritorious, dutiful'
pwr¹	[purr] c. 'full, full of'
pwr²	[pur] Pth. 'much, very; completely, wholly'
pwrm'h	[purrmāh] c. 'full moon' (used figuratively as term of praise); with double invocatory -ā, **pwrm'h'y**
pwrs-	[purs-] Pe. 'ask; ask about, inquire about'; secondary pp. **pwrsyd**
pwrsyšn	[pursišn] Pe. 'questioning'
pws	[pus] Pe. 'son', usually nom. or voc.
pwsg	[pusag] c. 'garland'
pwsr	[pusar] Pe. 'son', oblique
pwst	[pōst] Pe. 'skin'
pwstg	[pōstag] Pth. 'parchment, book'
pwškwr	[*puškawur] place name in Pth. 'Peshawar (?)'
pwšt	[pušt] c. 'back; backing, support, protection'
pwštb'n	[puštbān] Pe. 'protector'
pwwd	[pōd] Pth. 'boat, ferry'
*pwxt	[poxt] Pth., pp., 'cooked'; inf. **pwxtn** [poxtan]
pxš-	[paxš-] Pe. 'grow ripe; wither, fade'
pxš'n	[paxšān] Pe., v.n., 'ripening, withering'
py, pyy	[pay] Pe. 'nerve, sinew'
pyd¹	[pid] c. 'father', nom. or voc., in Pth. occasionally also oblique

pyd²	[pid] Pth. 'flesh'
pyd'g	[paydāg] c. 'manifest, apparent'
pyd'gyh	[paydāgīh] Pe. 'manifestation'
pyd'gynyd	[paydāgēnīd] Pe., secondary pp., 'made to appear, shown'
pydr, pdr	[pidar] c. 'father' oblique, in Pth. occasionally also voc.
pyg'm	[paygām] Pe. 'message'
pyl	[pīl] c. 'elephant'
pylg	[*pillag] c. 'stepped altar, altar'
pyltys	[pilatis] pr. name in Pth. 'Pilate'
pym'n	[paymān] Pe. 'measure, stature'
pymwc-	[paymōz-] Pe. 'put on, clothé'; pp. **pymwxt** [paymōxt]
pymwcn	[paymōzan] Pe. 'clothes, garment'
pymwg	[paymōg] Pe. 'clothes, garment'
pymwxt	see under *pymwc-*
pyr'mwn	[pērāmōn] Pe., adv., 'around, round about'; prep. 'round'
pyr'r	[?] Pe., ?, cb 1
pyr'y-	[payrāy-] Pe. 'adorn, prepare'
***pyr'yg**	[payrāyag] Pe. 'ornament'
pyrwg	[payrōg] Pe. 'brightness, splendour'
pyrwz	[pērōz] Pe. 'victorious, victor'
pyrwzyh	[pērōzīh] Pe. 'victory'
pyrwzyn-	[pērōzēn-] Pe., caus., 'make victorious'
pysws	[pēsūs] Pth., pr. name of the she-beast who bears the first human pair
pyš	[pēš] c., prep., 'before (of place)'; **'w pyš** 'to the presence of, before'
pyš'r	[pēšār] Pe. 'leader, guide'
pyš'ryy	[pēšārī] Pe. 'guidance'
pyšwb'y¹	[pēšōbāy] Pe. 'leader'
pyšwb'y²	[pēšōbāyī] Pe. 'leadership'
pyšyh, pyšyy	[pēšī(h)] Pe., adv., 'before'; **'c pyšyh** 'from before, from (his) presence'; with verbs of utterance, 'audibly, aloud'; by confusion with *pyš*, prep. and postp. 'before (of place)'
pyšyn	[pēšēn] Pe. 'earlier, former'

pyšyng	[pēšēnag] Pe. 'earlier, former'; as subst., 'the ancients, men of old'
pyt	[pit] Pe. 'flesh, meat'
pyw'c-	[paywāz-] Pe. 'answer'
pyw'h-	[paywāh-] Pe. 'implore, entreat'
pywh'n	[paywahān] Pe., pres. pt., 'imploring, entreating'
pywhn	[paywahan] Pe. 'entreaty, supplication'
pywhyšn	[paywahišn] Pe. 'entreaty, supplication'
pywn	[paywann] Pe. 'connection, tie'
pyws-	[payōs-] Pe. 'long for, desire'
pywst	see under *pywyn-*
pywyn-	[paywinn-] Pe. 'bind, join'; pp. **pywst** [paywast]
pyys	[payēs] Pe. 'order, instruction'
pyysgr	[payēsgar] Pe. 'teacher'
pzd	[pazd] Pth. 'scaring away, persecuting, persecution'
r'b	[rāb] Pe. 'entreaty, supplication'
r'd[1]	[rāδ] Pth., postp., 'on account of, for the sake of, because of, for'; **'yd r'd** 'because of this'
r'd[2]	[rāδ] Pth. 'understanding, intelligence'
r'd[3]	[rād] Pth. 'liberal, generous'
r'dyy	[rādī] Pe. 'liberality, generosity'
r'h	[rāh] c. 'road'
r'hnmwd'r	[rāhnimūdār] Pe. 'guide'
r'hywnyg	[?] Pe., laudatory adj., dt 3
r'm	[rām] c. 'peace'
r'myn-	[rāmēn-] Pe. 'give peace'
r'myšn	[rāmišn] c. 'peace'
r'myšngr	[rāmišngar] Pe. 'peacemaker'
r'r	[rār] Pe. 'valley'
r'st	[rāst] Pe. 'true, right'
r'stw'n	[rāstwān] Pe. 'revolution, rotation (of the sun), (hence) the twenty-four-hour day'
r'stygr	[rāstīgar] Pe. 'truthful, righteous'
r'styh	[rāstīh] Pe. 'righteousness, truth'
r'styh'	[rāstīhā] Pe., adv., 'rightly, fitly'
r'št	[rāšt] Pth. 'true, right; straight'
r'štwzn	[rāštwazan] Pth. 'revolution, rotation (of the sun), (hence) the twenty-four-hour day'

r'štyft	[rāštīft] Pth. 'righteousness, truth'
r'štygr	[rāštīgar] Pth. 'truthful, righteous'
r'štyn	[rāštēn] pr. name in Pth.
r'y[1]	[rāy] Pe., postp., 'on account of, for the sake of, because of, for'; **cy r'y** 'on account of what, why?'; **cym r'y** 'for what cause, why?'; **'yd r'y cy** 'because'; **'ym r'y** 'because of this, therefore'
r'y[2]	[rāy] Pe. 'understanding, intelligence'
r'y[3]	[rāy] Pe. 'wealth, treasure, riches'
r'ymst	[*rāymast] Pe. 'wise (?)'
r'ymstyy	[*rāymastī] Pe. 'wisdom (?)'
r'yn'g	[rāyēnāg] Pe. 'leader, controller, guide'
r'ynyd'ryy	[rāyēnīdārī] Pe. 'guidance'
r'z[1]	[rāz] c. 'secret, mystery'
r'z[2]	[rāz] Pe. 'symbol, pattern, type'; **pd** ... **r'z** 'in the pattern of, like'
r'z[3]	[rāz] Pe. 'building'
r'zmyrd	[rāzmerd] Pe. 'builder, architect'
r'wyn	[rōyēn] Pe. 'of copper'
rbyh	[rabih] Pe. 'noon, midday'
rdn	[*radan] Pth. 'jewel' (used as laudatory term for a divine being); pl. **rdnyn** [*radanīn]
rf-	[raf-] Pth. 'attack'; pp. **rft** [raft] c.
rfydgyh	[*rafīdagīh] Pe. 'attacking, attacks (?)'
rfyl	[rafēl] Semitic pr. name of angel in Pth.
rg[1]	[rag] Pe. 'vein'
rg[2]	[raɣ] Pth. 'quick, swift'
*rh-	[rah-] Pe. 'escape'
rgystr	[raɣēstar] Pth. 'quicker, swifter'
rhngwh	[*rahnigūh] Pe., ?, epithet of a Man. god
rhy, rh	[rahy, rah] Pe. 'chariot'
rhyg	[rahīg] Pe. 'child; servant'
rm	[ram] c. 'flock' (used for the Man. community)
rmnyg	[ramanīg] Pth. 'delightful, sweet'
rng	[rang] Pe. 'colour'
rngs	[rangas] Pth. 'small, short, brief'
rnj	[ranj] Pth. 'toil, labour, trouble'
rnz	[ranz] Pe. 'toil, labour, trouble'; **rnz 'w'm bwrdn** 'enduring of toil (and) trouble'
rpt, rptn	see under *rw-*

rrz	[rarz] Pe. 'shivering, ague'
rs-	[ras-] Pe. 'arrive, reach, come'; **'br rs-** 'come upon, attack'; secondary pp. **rsyd**; short inf. **rsyd**
rsk	[rask] Pth. 'envy'
rw-	[raw-] Pe. 'go; act, behave'; pp. **rpt** [raft]; inf. **rptn**
rw'n	[ruwān] c. 'soul'
rw'ncyn	[ruwānčīn] Pe. 'soul-gathering; charitable'
rw'ncynyh	[ruwānčīnīh] Pe. 'gathering of souls, redemption'
rw'ng'n	[ruwānagān] c. '"soul-work", i.e. gifts (of food etc.) by Hearers to the Elect, alms'
rw'nyn	[ruwānēn] c. 'of the soul, spiritual'
rwb's	[rōbās] Pth. 'fox'
rwbyšn	[*rōbišn] Pth. 'movement'
rwc (c.), **rwz** (Pc.), **rwž** (Pth.)	[rōz, Pe., rōž, Pth.] c. 'day'; **rwc rwc** 'day by day, daily'
rwc-	[rōz-] Pe. 'shine'; secondary pp. **rwcyst** [rōzist]
rwc'g	[rōzāg] Pe. 'shining, light-giving'
rwc'nyg	[rōžānīg] Pth. 'bright-faced'
rwcg	[rōzag, Pe., rōžag, Pth.] c. 'fast-day, fast'; **rwcg p'y-** 'keep a fast, fast'
rwcš'd	[*rōzšād] pr. name with Pth. text
rwcyn-	[rōzēn-] Pe. 'make bright, make light'
rwcyn'g	[rōzēnāg] Pe. 'illuminator'
rwcyst	see under *rwc-*
rwd[1]	[rōd] c. 'river'
rwd[2]	[rōd] Pth. 'sympathy, compassion'
rwd-	[rōδ-] Pth. 'grow'; pp. **rwst** [rust]
rwdwr	[rōdwar] c. 'sympathetic, compassionate'
rwdyst'g	[rōdestāg] Pth. 'province'
rwf'yl	[rufaēl] c., Semitic pr. name of archangel, 'Raphael'
rwmb	[rumb] Pth. 'mouth'
rwn	[rōn] Pe., postp., sometimes enclitic, 'towards'; **'w ... p'dgwsrwn** 'towards the ... region'
rwst	see under *rwd-*, *rwy-*
rwšn[1]	[rōšn] c., adj., 'light, bright'; in Pe. also 'clear, plain'
rwšn[2]	[rōšn] c., subst., 'light'

rwšn'gr	[rōšnāgar] Pth. 'illumining, light-bringing; illuminator'
rwšn'xw	[rōšnāxw] Pe. 'world of light'
rwšnšhr yzd	[rōšnšahr yazd] c. 'god of the Aeon of Light', i.e. the Third Messenger
rwšnyft	[rōšnīft] Pth. 'light'
rwšnygr	[rōšnīgar] Pe. 'illumining, light-bringing; illuminator'
rwšnyh	[rōšnīh] Pe. 'light'
rwšnyh'h	[rōšnīhā] Pe., adv., 'brightly, illuminingly'
rwšnyn	[rōšnēn] c. 'light, of light'
rwšnystr	[rōšnestar] Pth. 'lighter, more light'
rwy[1]	[rōy] Pe. 'face'
rwy[2]	[rōy] Pe. 'copper'
rwy-	[rōy-] Pe. 'grow'; pp. **rwst** [rust]
rwyn	[rōyēn] Pe. 'of copper'
rwyyšn	[rōyišn] Pe. 'growing, growth'
rwz	see *rwc*
rwzd	[ruzd] Pe. 'greedy, desirous'
rwzdyst	[ruzdist] Pe., secondary pp., 'desired, coveted'
***rxšs**	[*raxšas] Pth. 'rākṣasa, class of demons (?)'
rxtrnj	[raxtranǰ] Pth. form in Pe. 'toil, labour'
ryh	[reh] Pth. 'chariot'
rym	[rēm] c. 'dirt, filth'
rymg	[rēmag] Pth. 'dirt, filth'
rymn	[rēman] Pth. 'dirty, filthy'
ryst	[rist] Pth. 'correctly, duly, truly'
ryst'hyz	[ristāhēz] Pe. 'resurrection', a Zor. term applied in Man. to the release of spirit from matter, hence 'redemption'
rystgygyh	[ristagīgīh] Pe. 'mortality (?)'
ryšk	[rešk] Pe. 'envy'
***ryškyn**	[reškēn] Pe. 'envious'
ryxt	[rēxt] Pth., pp., 'poured'
ryzyšn	[rēzišn] Pe. 'torrent, flood'
rz	[raz] Pe. 'vineyard'
rzm	[razm] c. 'fight, battle'
rzm'h	[razmāh] Pe. 'fight, battle'
rzm'hyg	[razmāhīg] Pe. in Pth. text 'warlike'
rzmg'h	[razmɣāh] Pth. 'fight, battle'

rzmg'hyg	[razmɣāhīg] Pth. 'warlike'
rzmywz	[razmyōz] Pth. 'battle-rousing, battle-seeking, battle-seeker' (used chiefly of the redeeming gods)
rzwr[1]	[razwar] Pth. 'right, just'
rzwr[2]	[razwar] Pth. 'judge'
rzwrgr	[razwargar] Pth. 'righteous'
rzwryft	[razwarīft] Pth. 'righteousness, justice'
s'c-	[sāž-] Pth. 'prepare, make'; secondary pp. **s'c'd**
s'g	[sāg] c. 'number'
s'gwmnd	[sāgōmand] Pe. 'numbered, with number'
s'm'nwmnd	[sāmānōmand] Pe. 'bounded, limited'
s'n-	[sān-] Pth. 'lead up, take up'; secondary pp. **s'n'd**
s'n'n	[sānān] Pe., pres. pt., 'raising up'
s'r	[sār] Pe. 'year'; **'br s'r** 'in the year'
s'r'r	[sārār] Pe. 'leader, chief'
s'rt	[sārt] Pth. 'caravan'
s'rw'r	[sārwār] Pe. 'helmet'
s'st'r	[sūstār] c. 'commander'
s't'n	[sātān] Pth. 'Satan, the Devil'
s'yg	[sāyag] Pe. 'shade'
s'y-	see *sy-*
sc- (c.), sz- (Pe.)	[saz-, Pe., saž-, Pth.] c. 'be fitting, becoming, necessary, due'
sd[1]	[sad] c. 'hundred'
sd[2]	see under *sn-*
sdf	[sadf] Pth. 'being, creature'
sdwys	[sadwēs] pr. name in Pth. 'Satavaēsa', used for the Maiden of Light
sdyg	[sidīg] Pe. 'third'
sfsyr	[safsēr] Pth. 'sword'
sg	[sag] Pe. 'dog'
sg''n	[sagān] pr. name in Pe. 'the Sakas'; **sg'n b'nbyšn** 'queen of the Sakas'
sh	[*se] Pe. 'three'; **sh sh** 'by threes'; pl. **sn'n** [*senān]
shmyn	[sahmēn] Pe. 'terrible'
shyk'	[*sahīkā] Pe. 'timid, fearful (?)'

shyn	[sahēn] Pe. 'apparent; prominent, splendid (?)'
shynyh'h	[sahēnīhā] Pe. 'in striking fashion, splendidly (?)'
shynyy	[sahēnī] Pe. 'showiness, fine appearance'
smyl	[sammaēl] Semitic pr. name in Pth., used for the Devil
smyr kwf	[sumēr kōf] Indian place name in Pth. 'the Sumeru mountain'
sn-	[san-] c. 'ascend, go up'; **'br sn-** 'ascend up; overcome'; pp. **sd** [sad]
sn'c	[snāž-] Pth. 'swim'
sn'n	see under *sh*
sr	[sar] c. 'head; chief, principal, head, leader; beginning, end'; **pd sr ꜥy ꜥymyn wysp'n** 'as the chief of all these things'; **pd mwrgw'g sr** 'at the beginning of dawn, at first dawn'; **sr 'w sr** 'from beginning to end, completely'; as prep., 'above, over'; **sr bwyst'n** 'above the garden'; with suff. pro. sg. 3, **sryyš** [sariš]
sr'm'dg	[sarāmādag] Pe. 'distinguished, prominent'
sr'w-	[srāw-] Pth. 'sing'
sr'wg	[?] Pth. 'young; a youth'
sr'xšyn-	[*srāxšēn-] Pe. 'shame, put to shame (?)'
sr'y-	[srāy-] Pe. 'sing'
sr'yl[1]	[sraēl] Pth. 'Israel'
sr'yl[2]	[saraēl] c., Semitic pr. name of archangel
srd'g	[sardāg] Pe. 'cold, coldness'
srhng, srhnng	[sarhang] c. 'leader, captain'
srtw'	[sartwā] Pth. 'caravan-leader'
srwbr	[srōbar] Pe. 'teacher'
srwd	[srōd] c. 'song, hymn'
srwš'w	[srōšāw] Pth., used as pr. name for the Father of Greatness
srwš'hr'y	[srōšahrāy] Pe. 'the righteous Sraoša', used as pr. name for the Column of Glory
srygr	[srīgar] Pe. 'female'
srygrkyrb	[srīgarkirb] Pe. 'of female shape'
sryšyšn	[srēšišn] Pth. 'mixture'
sryyš	see under *sr*
swc'gyn	[sōzāgēn] Pe., adj., 'burning'
swcyn-	[sōzēn-] Pe., caus., 'set on fire'

swcyndg	[sōzendag] Pe., pres. pt./adj., 'burning'
swcyšn	[sōzišn] Pe., v.n., 'burning'
swd	[sūd] Pe. 'profit, benefit'
swgb'ryg	[sūgβārīg] Pth. 'sad'
swγlyy	[suglī] Pe. 'Sogdian'
swgnd	[sōgand] c. 'oath'; **swgnd dy-**, Pe., 'administer an oath'; **swgnd xwr-**, Pe., 'swear an oath'
swgw'r	[sūgwār] Pe. 'sad'
swhyšn	[*swahišn] Pth. 'sighing'
swnd'g	[sundāg] Pth. 'slanderer'
swr	[sūr] Pe. 'food, meal; banquet'
swst	[sust] Pe. 'soft, slack, lax'
swxrg	[suxrag] Pth. 'purple'
swyg	[suyag] Pe. 'hungry'
sxt[1]	[saxt] c. 'passed', used with cardinal numbers in dating formulas, e.g. **pd cf'r sxt** 'on the fourth passed' i.e. 'on the fourth day'
sxt[2]	[saxt] Pth. 'compressed, pressed together (?)'
sxwn	[saxwan] c. 'word, saying, utterance; the Word (i.e. the Man. gospel)'
sxwnyn	[saxwanēn] Pth. 'of the Word'
sy-, s'y-	[say-] Pth. 'lie, lie down; be, exist'
sy'ryn	[siyārēn] Pth. 'decaying, rotting'
sy'w	[syāw] Pth. 'black'
sy'wg	[syāwag] Pth. 'black'
sygyn	[segēn] Pe. 'stony, of stone'
syh	[sīh] Pe. 'thirty'
symws	see under *brsymws*
syn-	[sēn-] Pe. 'cause to ascend, raise up'
synjyn	[*sinǰēn] Pth. 'salvation (?)'
syryd	[*sērīd] Pe., pp., 'angered (?)'
syryšn	[*sērišn] Pe. 'anger, pride (?)'
syst	[sist] Pe., pp., 'broken (?)'
systg	[sistag] Pth. 'broken'
sysyn	[sisin] c., pr. name 'Sisinnius'
sytwg	[sitōg] Pe. 'small counterfeit coin (of copper or iron, overlaid with gold or silver)'
sywg	[sēwag] Pth. 'orphan'
syzd	[sēzd] Pth. 'mighty, powerful'
syzdh	[sīzdah] Pe. 'thirteen'

syzdyft	[sēzdīft] Pth. 'might, power'
syzdyn	[sēzdēn] Pth. 'mighty, tyrannous'
sz-	see *sc-*
-š	[-(i)š] c., suff. pro. sg. 3, 'him, her, it'
š'bwhr	[šābuhr] c., pr. name 'Shabuhr, Shapur'
š'd	[šād] c. 'happy'
š'd-'whrmyzd, š'd-'wrmyzd	[šād-ohrmezd, -ōrmezd] c., pr. name
š'dcn	[šādčan] Pth. 'happy'
š'dgr	[šādgar] Pth. 'giving happiness; happy'
š'dm'ng	[šādmānag] Pth. 'glad of mind, happy'
š'dyft	[šādīft] Pth. 'happiness'
š'dyh	[šādīh] Pe. 'happiness'
š'dyh'	[šādīhā] Pe. 'happily'
š'h	[šāh] c. 'king'
š'hw'r	[šāhwār] Pth. 'royal'
š'hyg'n	[šāhīgān] c. 'palace'
š'qmn	[šākman] Indian pr. name in Pth. 'Śākyamuni'
š'm	[šām] Pth. 'evening, eve, dusk'
-š'n	[-(i)šān] c., suff. pro. pl. 3, 'them'
š'n	[ušān] Pth., so written for *'wš'n* (see under *'wd*), ac 5
š'rs-	[šārs-] Pe. 'be ashamed'
š'y-	[šāy-] Pe. 'rule, have power; be able (with inf.)'
š'yh-	[šāyīh-] Pe., pass., 'be made happy'
š'zdh	[šāzdah] Pe. 'sixteen'
šb	[šab] c. 'night'; **šb'n rwc'n** 'by night and day'
šb'nyg	[šabānīg] Pth. 'of the night'
šfrs-	[šfars-] Pth. 'be ashamed'
šfšyr	[šafšēr] Pe. 'sword'
šgr	[šagr] Pe. 'lion; the zodiacal sign Leo'
šgrkyrbnd	[šagrkirband] Pe. 'of lion form, lion-shaped'
šgrz'dg	[šagrzādag] Pe. 'lion-cub'
šh-	[šah-] Pth. 'be able (with inf.)'
šhr	[šahr] c. 'land, country, region; town; world, the world; world of the hereafter, heaven; aeon'
šhrd'r	[šahrδār] Pth. 'lord, king'
šhrd'ryft	[šahrδārīft] Pth. 'kingdom; dominion; kingship, sovereignty'
šhršhr'n	[šahršahrān] Pth. 'Aeons of Aeons'

šhry'r	[šahriyār] Pe. 'lord, king'
šhry'ryh	[šahriyārīh] Pe. 'kingdom; dominion'
šhryg	[*šahrīg] Pe. 'citizen, burgher (?)'
šhryst'n	[šahrestān] Pe. 'city, provincial capital'
šhrywr	[šahrewar] c., name of the sixth month of the Zor. calendar, and the fourth day of each month
šhwm, šwhwm	[šohom] Pth. 'sixth'
šlwm	[šalōm] Semitic pr. name in Pth. 'Salome'
šmbt	[šambat] Pth. 'Sabbath, Saturday'
šnng	[šang] Pth. 'harp'
šr'syn'd	[šrāsēnād] Pe., pp., 'having been shamed'
šr'syn'g	[šrāsēnāg] Pe. 'one who shames'
šrg	[šarγ] Pth. 'lion'
šrgz'dg	[šarγzādag] Pth. 'lion-cub'
šrm	[šarm] Pth. 'shame'
šrmgyft	[šarmagīft] Pth. 'shame, decency'
šrmjd	[šarmžad] Pth. 'ashamed'
šst	[šast] Pe. 'sixty'
ššt	[šašt] Pth. 'sixty'
ššwm	[šašom] Pth. form in Pe. 'sixth'
šw-	[šaw-] c. 'go'; pp. **šwd** [šud]; inf. **šwdn**
šwb'n	[šubān] c. 'shepherd'
šwd, šwdn	see under *šw-*
šwh	[šoh] Pth. 'six'
šwj	[šōž] Pth. 'holy'
šwjyft	[šōžīft] Pth. 'holiness'
šwryn	[šūrēn] Pth. 'salty'
šwst	see under *šwy-*
šwy-	[šōy-] Pe. 'wash'; pp. **šwst** [šust]
šybh	[šībah] Pth. 'path'
šyfšd'n	[šifšðān] Pth. 'grain of mustard, mustard-seed'
šyft	[šift] Pth. 'milk'
šyftyn	[šiftēn] Pth. 'of milk'
šyfwr	[šifōr] Pth. 'trumpet'
šymwn	[šimōn] Semitic pr. name in Pth. 'Simon'
šypšyr	[šifšēr] Pe. 'sword'
šyr	[šīr] Pe. 'milk'
šyrg'mg	[šīrgāmag] Pth. 'friend'
šyryn	[šīrīn] Pe. 'sweet'

-t	[-(i)t, -(u)t] c., suff. pro. sg. 2 'you'
t'	[tā] Pth. 'tau, the last letter of the Man. alphabet'
t'b-	[tāb-] Pth. 'shine'; secondary pp. **t'b'd**
*t'b'g	[tābāg] Pe., pres. pt., 'burning'
t'c	[tāž] Pth. 'swiftly (?)'
t'c-	[tāž-] Pth. 'pour'
t'g	[tāg] Pe. 'arch'
t'm'dg	[tāmādag] Pth., adj./pp., 'choking'
-t'n	[-(i)tān, -(u)tān] c., suff. pro. pl. 2, 'you'
t'r¹	[tār] c., adj., 'dark'
t'r²	[tār] c. 'darkness, the dark'
t'ryg	[tārīg] c. 'dark'; as subst., 'the Dark One', i.e. the Devil
t'ryn	[tārēn] Pe. 'dark'
t'st	[tāst̤] Pth. 'cup'
t'stg	[tāstag] Pth. 'cup'
t'wg	[tāwag] Pth. 'strong, powerful'
t'y	[tāy] Pe. 'thief'
t'yy	[tāyī] Pe. 'thieving, theft'
tb	[tab] Pe. 'fever'
tbg	[tabag] Pth. 'burning, blaze'; **dwr tbg** 'the blaze of fire'
tbr	[tabar] Pe. 'axe, hatchet'
tbyl	[*tabil] Pth. 'tambourin, drum (?)'
tc- (c.), **tz-** (Pe.)	[taz-, Pe., taž-, Pth.] c. 'flow, run'
tcr	[tažar] Pth. 'palace, dwelling'; as an astronomical term, 'double hour, period of two hours'
tftg	[taftag] Pth. 'burning hot, red hot'
tgnbnd	[tagniband] Pth. 'swift'
thm	[tahm] c. 'strong'
thm'tr	[tahmātar] Pe., in late texts, 'stronger, strongest, very strong'
thmyh'	[tahmīhā] Pe. 'strongly'
thmyn-	[tahmēn-] Pe. 'give strength to, strengthen'
thmyy	[tahmī] Pe. 'strength'
tl'zwg	[talāzūg] Pth. 'balance, scales'
tlw'r	[talawār] Pth. 'hall, tabernacle'
tm	[tam] c. 'blackness, darkness'

tmyg	[tamīg] Pth. 'dark'; pl. as subst., 'creatures of darkness'
tmyn	[tamēn] Pe. 'dark'
tn	[tan] c. 'body; person'; Pe. **xwyš tn** 'own person, oneself'
tnb'r	[tanbār] Pth. 'body'
tnb'ryn	[tanbārēn] Pth. 'bodily'
tncyy	[*tančay] Pe. 'grieving for the body, concerned with material things (?)'
tnd	[tand] Pth. 'faint, languishing'
tng, tnng	[tang] Pth. 'suffering, distress'
tngryy	[tengri] Turkish pr. name in Pe.
tngy'nyg	[tangyānīg] c. 'of body and soul'
tnw'r	[tanwār] Pe. 'body; trunk (of tree)'
tnw'ryn	[tanwārēn] Pe. 'bodily'
tnygyrd	[tanīgird] Pe. 'bodily, corporeal'
tnygyrdyh	[tanīgirdīh] Pe. 'corporeality'
tnyh'	[tanīhā] Pe., adv., 'bodily'
tr, try	[tar, tare] Pe. 'across, over'
trkwm'n	[tarkumān] c. 'interpreter'
trnys	[*tarnīs] Pth. 'throne'
trs	[tars] c. 'fear'
trs-	see *tyrs-*
trw-	[tarw-] Pe. 'overcome, conquer'
try	see *tr*
tryxs-	[trixs-] Pth., inchoat. as pass., 'be oppressed'
tryxt	[trixt] Pth. 'oppressive, stern'
tryxtg	[trixtag] Pth. 'oppressed'
tsb'y	[tasbāy] Pe. 'four-footed; four-footed animal, quadruped'
tskyrb	[taskirb] Pe. 'four-formed, four-shaped; square'
tswm	[tasom] Pe. 'fourth'
tšk	[*tašk] Pe. 'thistles (?)'
tšy, tšyy	[čē] Pth., variant spelling of *cy*, q.v.
tw	[tū/tō] c. 'you (sg.)'; with enclitic -c, **twyc**, **twyyc**; with suff. pro. sg. 1, **twm**; pl. 1, **twm'n**
tw'n¹	[*tawān] c. 'your'
tw'n²	[tuwān] Pe. 'might, power'; used as equivalent of an impersonal vb., with inf., 'be possible'

tw'n³	[tuwān] Pe. 'mighty, powerful'
tw'ngr	[tuwāngar] Pe. 'powerful, rich'
twgryst'n	[tugristān] place name in Pe.
twhm	[tōhm] Pe. 'seed; family'
twhmg'n	[tōhmagān] Pe. 'family'
twhyg	[tuhīg] Pe. 'empty; vain, illusory; barren'
twm, twm'n	see under *tw*
twr'n	[tūrān] place name in Pth.
twsyg	[tusīg] Pth. 'empty'
tww	[tau] Pe. 'tau, the last letter of the Man. alphabet'
twxm	[tōxm] Pth. 'seed; line, race'; **hw'mwjd twxm** 'of compassionate race'
twxmg'n	[tōxmagān] Pth. 'family'
twxmn	[tōxman] Pth. 'seed-grain'
twxš-	[tuxš-] c. 'be diligent, be zealous; strive, labour'; secondary pp. **twxšyst, twxšʿyst**
twxš'g	[tuxšāg] c. 'diligent'
twxš'gyy	[tuxšāgī] Pe. 'diligence'
twxšynydn	[tuxšēnīdan] Pe., inf., 'to make zealous, make to strive'
twxšyšn	[tuxšišn] Pe. 'diligence, zeal'
twxšyst	see under *twxš-*
twyc, twyyc	see under *tw*
twz-	[tōz-] Pe. 'expiate, pay for'
twzyšn	[tōzišn] Pe. 'expiation, penance'
txl	[taxl] Pth. 'bitter, sharp'
txtyh'h	[taxtīhā] Pe. 'swiftly'; with suff. pro. sg. 3, *txtyh'ywš*
tyd'r	[?] Pe. 'sullenness (?)'
tygr	[tigr] river name in Pth. 'Tigris'
tyj	[tēj] Pe. 'sharp'
tylyst	[tīlēst] Pe. 'three hundred'
tym'r	[tēmār] Pe. 'grief, care'
tyr	[tīr] Pe., name of the fourth month of the Zor. calendar, and the thirteenth day of each month; ***tyr rwc ʿy wzrg**, the chief i.e. second day of the feast of Tīragān
tyrg	[tirγ] Pth. 'fast, swift'
tyrgystr	[tirγestar] Pth. 'swifter'

tyrm'	[tīrmā] Pe. 'the month of Tīr' (cf. *tyr*)
tyrs-, trs-	[tirs-] c. 'be afraid, fear'; secondary pp. **tyrs'd**
tyryst	[tīrēst] Pe. 'three hundred'
tys	[tis] Pe. 'thing'; with suff. -*c*, **tyswc, tysyc**; with suff. pro. sg. 1, **tyswm**
***tyspwn**	[tespōn] place name in Pth. 'Ctesiphon'
tyšng	[tišnag] Pe. 'thirsty'
tytytnw'	[*tititniwā] Pe. 'the tune (called) *Titit'
tyzyh'	[tēzīhā] Pe. 'swiftly'
tz-	see *tc-*
w'br	[wābar] Pe. 'true'
w'bryg'n	[wābarīgān] Pe. 'true'
w'bryy	[wābarī] Pe. 'truthfulness'
w'c (c.), w'z (Pe.)	[wāz, Pe., wāž, Pth.] c. 'word, speech'
w'c-	[wāž-] Pth. 'speak, say; evoke, create by word'; pp. **w'xt** [wāxt]; secondary pp. **w'c'd**; inf. **w'xtn**
w'c'fryd[1]	[wāzāfrīd, Pe., wāžāfrīd, Pth.] c. 'created by word, spiritual, ghostly'; **pd w'c'fryd** 'spiritually'
w'c'fryd[2]	[wāžāfrīd] Pth. 'divine command'
w'c'prydyy	[wāzāfrīdī] Pe. 'creation by word, spiritual creation'; **w'xš w'c'prydyy** 'spiritual creation by word'
w'c'rg'n	[wāzārgān, Pe., wāžārgān, Pth.] c. 'merchant'
w'd	[wād] c. 'air; wind; spirit; breath'; **wjyd w'd** (lit. 'chosen Spirit') 'the Holy Ghost'; **w'd jywndg** 'Living Spirit'
w'd'g	[wāδāg] Pth. 'leader'
w'd'hr'm yzd	[*wādahrām yazd] Pe. 'the Air-raising God', i.e. the King of Glory
w'dyn	[wādēn] c. 'of air; of the spirit, spiritual'
w'hš	[wāhš] Pe. 'spirit' (cf. *w'xš*)
w'n-	[wān-] Pe. 'conquer, attack'; pass. **w'nyh-** [wānīh-] 'be conquered'; secondary pp. **w'nyst**
w'n'g	[wānāg] Pe. 'conqueror'
w'ng	[wāng] Pe. 'voice, call, cry'; **pd w'ng** 'at a call'
w'nyšn	[wānišn] Pe. 'conquest'
w'r	[wār] Pth. 'flower'
w'r-[1]	[wār-] c. 'rejoice'; secondary pp. **w'r'd**
w'r-[2]	[wār-] c. 'rain'

90 w'r'n – wdbrhm

w'r'n	[wārān] c. 'rain, raindrop'
w'ryn-	[wārēn-] Pe. 'make happy, gladden'
w'ryšn	[wārišn] Pe. 'rejoicing'
w'st	see under w'y-¹
w'wr	[wāwar] Pth. 'belief'
w'wryft	[wāwarīft] Pth. 'belief'
w'xš	[wāxš] c. 'spirit, ghost'; in pl., 'tutelary spirits'
w'xšyg	[wāxšīg] Pe. 'spiritual'
w'xt, w'xtn	see under w'c-
w'y	[wāy] c. 'woe'
w'y-¹	[wāy-] Pth. 'lead'; pp. w'st [wāst]
w'y-²	[wāy-] Pe. 'fly, soar (?)' (unless 'hunt (?)')
w'ywg	[wāyōg] Pe. 'hunter'
w'z	see w'c
wʿyrwr	[wīrwar] Pe. 'bearing the male, phallophoric'
wc'r	see wyc'r
wc'rm'n	see under wyc'r-
wc'ryšn	see wyc'ryšn
wcn	[wažan] Pth. 'voice, word'
wcyd (c.), wjyd (Pth.)	[wizīd, Pe., wižīd, Pth.] c., pp., 'chosen'
wcydd'dyst'n, wzydd'dyst'n	[wizīddādestān] Pe. 'judging wisely, discriminating'
wcydg (c.), wjydg (Pth.)	[wizīdag, Pe., wižīdag, Pth.] c. 'Chosen, Elect'
wcydgyft, wjydgyft	[wižīdagīft] Pth. 'The Elect' (abstract as coll.)
wcydgyh	[wizīdagīh] Pe. 'The Elect' (abstract as coll.)
wcydgyycrg	[wizīdagīčarag] Pe. 'flock, community of the Elect'
wcyh	[*wizih] Pe. 'dawn'
wcyh-	[wizēh-, Pe., wižēh-, Pth.] c. 'teach'; pp. wcyst [wizist] Pe.; secondary pp. wcyh'd Pth.
wcyh'g	[wizēhāg] Pe. 'teacher'
wcyhrg	[wizihrag] Pe. 'a double hour'
wcyst	see under wcyh-
wd	[wad] Pe. 'bad'
wd'n	[wiδān] Pth. 'tent'
wd'nm'n	[wiδānmān] Pth. 'tent-dweller, nomad'
wd'r-, wyd'r-	[widār-] c. 'let pass, cause to pass; lead; pass, transgress; suffer, experience'; secondary pp. wd'r'd; inf. wd'r'dn
wdbrhm	[wadbrahm] Pe. 'of bad behaviour, scandalising'

wdc-	[widaz-, Pe., widaž-, Pth.] c. 'melt (intrans.)'; inf. **wdxtn** [widaxtan] Pth.
wddyl	[waddil] Pe. 'faint-hearted'
wdmwšt	see *wdymwšt*
wdng, wdnng	[widang] c. 'distress, trouble'
wdr	[widar] c. 'path'
wdr'y, wydr'y	[*widrāy] c. 'wretched'
wdrd, wydrd	[*widard] Pth., adj., ?
wdxtg	[widaxtag] Pth. 'molten'
wdxtn	see under *wdc-*
wdyb	[*wideb] Pe. 'deception'
***wdyfs-**	[*wiðefs-] Pth., inchoat. as pass., 'be deceived'
wdyftgyft	[*wiðeftagīft] Pth. 'deception'
wdymwšt, wdmwšt	[*widimušt] Pe. 'astonished'
wdymwštyh	[*widimuštīh] Pe. 'miracle, miraculousness'
wdyr-	[wider-] Pe. 'pass, pass by'
wdyryšnyg	[widerišnīg] Pe. 'passing, transient'
wdysg'r	[*wiðēsgār] Pth. 'deluding, deceiving'
wdyšn'sgyft	[wadišnāsagīft] Pth. 'evil knowledge'
wf-[1]	[waf-] Pth. 'weave'
wf-[2]	[waf-] Pth. 'spit'
wfr, wpr	[wafr] c. 'snow'
wfr's-	[wifrās -] Pth. 'teach, show'; pp. **wyfr'št** [wifrāšt]; inf. **wyfr'štn**
wgr'd-	see *wygr'd-*
wh'g	[wahāg] Pe. 'price, purchase'; **pd wh'g** 'at a price, by purchase'
wh'ng	[wihānag] Pe. 'cause'; **pd wh'ng 'y** 'for the cause of, for the sake of'
wh'r	[wahār] Pe. 'spring'
whm	[wahm] c. 'prayer, supplication'
whmn[1]	[wahman] Pe., pr. name of the Zor. divinity 'Vohu Manah', used for the Man. divinity 'the Great Nous'; also in the pl., with uncertain significance
whmn[2]	[wahman] Pe., name of the eleventh month in the Zor. calendar
whmn-xwrxšyd	[wahman-xwarxšēd] pr. name of a Teacher in Pe.
whwr'g	[*wihurāg] Pe. 'confuser, disturber'

whwryd	[*wihurīd] Pe., pp., 'confused'; inf. **whwrydn**
why	[wahy] Pe. 'better'
whybg'r, whybgr	[*wahēbgār, -gar] Pe. 'making better, helping, helper (?)'
whybg'ryh	[*wahēbgārīh] Pe. 'help (?)'
whydyn	[wahedēn] Pe. 'of the best religion', a Zor. term applied to themselves by the Manichaeans
whyg	[wahīg] Pe. 'goat; the zodiacal sign Capricorn'
whyg'r	[wahegār] c. 'helpful, beneficent'
whyh, wyhyh	[wihīh] Pe. 'wisdom'
whynj-	[wihenj-] Pth. 'lead up, draw up'
whyrd	[*wihird] Pth., pp., 'confused'
whyšt	[wahišt] c. 'Paradise'
whyšt'w	[wahištāw] c. 'Paradise'
whyywn	[*waheyōn] Pth. 'betterment, improvement'
whyz-	[wihēz-] Pe. 'move'
wjyd, wjydg	see *wcyd, wcydg*
wjydgyft	see *wcydgyft*
wlrz'd	[wilarzād] Pth., secondary pp., 'having trembled'
wm'd	[wimād] Pth., pp., 'having experienced, suffered'
wmyh-	[wimēh-] Pe. 'shape, form, fashion'; secondary pp. **wymyhyd**
wmys, wymys	[*wimēs] Pe. 'mirage'
wmyxt	[wimixt] Pth., pp., 'mixed'
wn'h, wyn'h	[wināh] Pe. 'sin, offence; harm, injury'
wn'hgr	[wināhgar] Pe. 'sinner, wrongdoer'
wn'hgryy	[wināhgarī] Pe. 'sinfulness, wrongdoing'
wn'r'g	see *wyn'r'g*
wn'st	[wināst] Pe., pp., 'injured, harmed'
wnd-	see *wynd-*
wndyšn	see *wyndyšn*
wnst, wynst	[winast] Pe., pp., 'injured, harmed'
wnwh	[winōh] Pth. 'behold, lo, see!'
wnwhg	[winōhag] Pth. 'trembling, shaking'
*wny	[wany] Pe. 'overcome, defeated'
wnyr-, wynyr-	[winner-] Pe. 'be arranged, established, ordered; prosper'; with **'br**, 'be established for; be set over, dominate'; pp. **wynyrd** [winnird]
wnywd	[*wanyūd] Pe. 'destruction, ruin'
wnywdyh	[*wanyūdīh] Pe. 'destruction, ruin'

wpr	see *wfr*
wpr'yhyst	see under *wyfr'yh-*
wr'd	[*warād] Pth. 'captive (?)'
wrc (c.), **wrz** (Pe.)	[warz, Pe., warž, Pth.] c. 'miraculous power; miracle'
***wrc'wynd**	[warzāwend] Pe. 'having miraculous power, powerful'
wrd- (c.), **wrt-** (Pth.)	[ward-] c. 'turn; twist, writhe'
wrdg	[wardag] c. 'captive, slave'
wrdyšn	[wardišn] Pe. 'turning, going; metempsychosis'
wrdywn	[wardyūn] c. 'chariot'
wrg	[warrag] c. 'lamb; the zodiacal sign Aries'
wrm	[warm] Pth. 'wave'
wrt-	see *wrd-*
wrw-	[wurraw-] c. 'believe'; secondary pp. **wrwyst**; with suff. pro. sg. 3, **wrwystwwš**
wrwc	[wirōž] Pth. 'lightning'
wrwc'n	[warūčān] Pth. 'of Waruč'; **wrwč'n š'h** 'the king of Waruč'
wrwptn	[wiruftan] Pe., inf., 'to sweep down, away'
wrwyst	see under *wrw-*
wrwyšn	[wurrawišn] Pe. 'belief, faith'
wrwyšnyg	[wurrawišnīg] Pe. 'believing, devout'
wryc-	[wirēz-] Pe. 'run away, flee'; pp. **wryxt** [wirēxt]
wryh'd	[wirīhād] Pth., secondary pp., 'thrown into confusion (?)'
wryhr	[?] Pe. 'beautiful, comely (?)'
wryhr'wnd	[?] Pe. 'beautiful, comely (?)'
wryšlyym	[wurišlem] place name in Pth., 'Jerusalem'
wryxs-	[wirēxs-] Pth. 'run away, flee, depart'
wrz	see *wrc*
wrzn	[wirazan] Pe. 'fading, withering'
wrzygr	[warzīgar] c. 'labouring, industrious; farmer'
ws	[was] c. 'much, many; enough, sufficient'
wsn'd	[wasnāδ] Pth. 'on account of, concerning, for, about' (occasionally prep., generally postposited); **cy wsn'd** 'on account of what, why ?'; **hw wsn'd cy** 'on account of that, because'
wsrd	[wisard] Pth., pp., 'poured'
wstmbg	see *wystmbg*

*wsy'r	[wasyār] Pe. 'many'
wsyd	[wisēδ] Pth. 'despatched, sent off'
wsyn	[wasīn] Pe., in the phrase **m'm wsyn**, see bt 4, notes
wsyxwr	[wasēxwar] Pe. 'gluttonous; glutton'
wš'd	see under *wyš'h-*
wš'd-'pt'b	[wišād-āftāb] Pe. 'released by sunshine'
wšmn'd	see under *wyšmn-*
wšmn'g	see *wyšmn'g*
wšmyn-	see *wyšmn-*
wštyr-	see *wyštyr-*
wšwb-	[wišōb-] Pe. 'demolish, destroy'
wšwb'g	[wišōbāg] Pe. 'destroyer, trouble-maker'
wšyd'x	[wišīdāx] c. 'trustful; trust, confidence'
wšyd'xw	[wišīdāxw] c. 'trustful; trust, confidence'
wšyh-	[wišīh-] Pe., pass., 'be opened'
wtr	[wattar] c. 'worse'; **wtr qyrd** 'subdued, overwhelmed'
ww'r	[wiwār] Pth. 'separation'
wx'ryn	[wxārīn] Pth., pl. only, 'sisters'
wx'stw'nyft	[wxāstwānīft] Pth. 'confession'
wx'št	see under *wx'z-*
wx'z-	[wxāz-] Pth. 'wish, desire; seek'; pp. **wx'št** [wxāšt]
wx'zg	[wxāzag] Pth. 'desirous, desiring'
wxd	[wxad] Pth. 'self'; as adv. of emphasis, 'truly, indeed'
wxrd	[wxard] Pth., pp., 'devoured, eaten'; short inf. **wxrd**; inf. **wxrdn**
wxrdyg	[wxardīg] Pth. 'food; meal, banquet'
wxrydg	[waxrīdag] Pth. 'twisted, distorted'
wxryndg	[wxarendag] Pth. 'devouring'
wxs-	[wixas-] Pth., inchoat. as pass., 'be wounded'
wxš	[wxaš] Pth. 'pleasant, sweet'
wxšbwy	[wxašbōy] Pth. 'sweet-scented'
wxšmyd	[*wxišmid] Pth. 'well-intentioned, happy (?)'
wxšn	[waxšan] Pe. 'kindling, firewood'
wxšn'm	[wxašnām] Pth. 'of fair fame'
wxšyft	[wxašīft] Pth. 'pleasantness, sweetness'
wxšyndg	[waxšendag] Pth. 'blazing'

wxybyh	[wxēbēh] Pth. 'own'
wy'b-	[wiyāb-] Pe. 'open (the mouth)'
wy'b'n	[wiyābān] Pth. 'desert, waste'
wy'fr'št	[wyāfrāšt] Pth., pp., 'taught'
wy'g	[wyāg] Pth. 'place'; **pt wy'g wy'g** 'in various places'
wy'w'r	[wyāwār] Pth. 'answer; speech, utterance'
wy'wr-	[wyāwar-] Pth. 'answer, say, speak'; pp. **wy'wrd** [wyāwurd]
wy'wr'g	[wyāwarāg] Pth. 'answering, echoing'
wyb-, wyyb-	[wīb-] Pe. 'deceive'; pp. **wypt** [wīft]
wyb'g, wyyb'g	[wībāg] Pe. 'deceitful'
wybr'z'd	[wiβrāzād] Pth., secondary pp., 'shone'
wyc'r	[wižār] Pth. 'fulfilment, actuality (?)'; **pt wyc'r** 'in actuality, actually (?)'
wyc'r-, wc'r-	[wizār-] Pe. 'separate, divide; fulfil, perform'; imp. sg. with suff. pro. pl. 1, **wc'rm'n**
wyc'ryšn, wc'ryšn	[wizārišn] Pe. 'separation; explanation, elucidation'
wyd'm'sg	[wiδāmāsag] Pth. 'miraculous, wonderful'
wyd'r-	see *wd'r-*
*wyd'r'g	[widārāg] Pe. 'leader'
wydby'g	[wiδβayāg] Pth. 'extensive'
wydr'y	see *wdr'y*
wydrd	see *wdrd*
wyfr's	[wifrās] Pth. 'teaching, instruction'
wyfr'št, wyfr'štn	see under *wfr's-*
wyfr'y-	[wifrāy-] Pe. 'further, promote'
wyfr'yh-	[wifrāyīh-] Pe., pass., 'be furthered, promoted'; secondary pp. **wpr'yhyst**
wyftg	[wīftag] Pe. 'deceived'
wyg'h	[wigāh] Pth. 'witness'
wyg'hyft	[wigāhīft] Pth. 'testimony'
wyg'n-	[wigān-] Pth. 'destroy'; pp. **wygnd** [wigand]
wyg'ng	[wigānag] Pth. 'destroying, destructive'
wyg'nyšn	[wigānišn] Pth. 'destruction'
wyg's	[wigās] Pth. 'apparent, open'
wyg'w	[wiγāw] Pth. 'diminution'
wygn-	[wigan-] Pth. 'be destroyed; perish'
wygr'd	see under *wygr's-*

wygr'dg	[wiɣrādag] Pth. 'wakeful, vigilant'
wygr'dnyft	[wiɣrādanīft] Pth. 'awakening'
wygr'dyy	[wigrādī] Pe. 'wakefulness, vigilance'
wygr'n-	[wiɣrān-] Pth. 'awaken (trans.)'
wygr's-	[wiɣrās-] Pth. 'wake, awaken (intrans.)'; pp. **wygr'd** [wiɣrād]
wygr's'g	[wigrāsāg] Pe. 'awakener'
wygr'syn'g	[wigrāsēnāg] Pe. 'awakener'
wygr'syšn	[wigrāsišn] Pe. 'awakening'
wyh'd	[*wihād] Pe., ?
wyhdr	[wehdar] Pe., double comp., 'better'
wyhm	[wēhm] c. 'broad'
wyhmdr	[wēhmdar] Pe. 'broader'
wyhmyh	[wēhmīh] Pe. 'breadth'
wyhyh	see *whyh*
wyl'styft	[wilāstīft] Pth. 'astonishment, wonder'
wyl'styn	[wilāstēn] Pth. 'astonishing, wonderful'
wym	[wēm] Pth. 'rock, stone'
wym'r[1]	[wēmar] Pe. 'sick, ill'
wym'r[2]	[wēmār] Pe. 'sickness'
wym'ryh	[wēmārīh] Pe. 'sickness'
wymnd	[wimand] c. 'border, boundary'
wymndb'n	[wimandbān] Pe. 'border-guard'
wymyhyd	see under *wymyh-*
wymys	see *wmys*
wyn-, wyyn-	[wēn-] c. 'see'; pass. **wynyh-** [wēnīh-] 'be seen'; suppletive pp. **dyd**, q.v.
wyn'h	see *wn'h*
wyn'r-	[winnār-] c. 'arrange, put in order; array, establish, fix'; pp. **wyn'rd** [winnārd]; inf. **wyn'rdn**
wyn'r'g, wn'r'g	[winnārāg] c. 'arranger'
wyn'ryšn	[winnārišn] Pe. 'arrangement'
wynd-[1], **wnd-**[1]	[wind-] c. 'find'; secondary pp. **wynd'd**[1], Pth.
wynd-[2], **wnd-**[2]	[wend-] Pth. 'praise, pray'; secondary pp. **wynd'd**[2]
wynd'r	[wendār] Pth. 'prayer'
wyndyšn, wndyšn	[wendišn] c. 'prayer, invocation'
wyng	[wēnag] Pe. 'guard'
wynst	see *wnst*

wynw'd	[winawād] Pth., pp., 'shaken out, cast out'
wynyg	[wenīg] Pe. 'nose'
wynyh-	see under *wyn-*
wynyr-	see *wnyr-*
wyps-	[wīfs-] Pe., inchoat. as pass., 'be deceived'
wypt	see under *wyb-*
wyptgyh	[wīftagīh] Pe. 'deception, deceit'
wyptwb	[wīftob] Pe. 'deceived'
***wyr**	[wēr] Pe. 'hurt, harm'
wyr'st	see under *wyr'y-*
wyr'stg	[wirāstag] Pe. 'arranged, ordered'
wyr'št	see under *wyr'z-*
wyr'y-	[wirāy-] Pe. 'arrange, prepare'; pp. **wyr'st** [wirāst]; inf. **wyr'stn**
wyr'y'n	[wirāyān] Pe., pres. pt., 'preparing'
wyr'yšn	[wirāyišn] Pe. 'preparation'
wyr'z-	[wirāz-] Pth. 'arrange, prepare, array'; pp. **wyr'št** [wirāšt]
wys	[wis] Pe. 'village'
wys'n	[*wisān] Pe., pres. pt., 'reposing (?)'
wys'ng	[wisānag] Pe. 'ten seconds'
wys'y-	[wisāy-] Pe. 'enter, come'; **dryst wys'y** 'welcome!'
wysbyd	[wisbed] Pe. 'master, lord of a village'
wysp	[wisp] c., adj., 'all, every'; subst. 'all things'
wysprwc	[wisprōž] Pth. 'every day'
wyspryxt	[wisprixt] Pth., pp., 'sprung, sprouted'
wyspwhr	[wispuhr] c. 'prince'
wyspwyh	[wispweh] c. 'best of all'
wyspzng	[wispzanag] c. 'of every kind'
wyst	[wīst] c. 'twenty'; **wyst hz'r** 'twenty thousand'
wyst'hyh	[wistāhīh] Pe. 'reliance, trust'
wystmbg, wstmbg	[wistambag] Pth. 'rebellious; rebel'
wystmbgyft	[wistambagīft] Pth. 'rebellion'
wystrg	[wistarag] Pth. 'delightful'
wyš	[wēš] Pe. 'more'; **fr'y 'wd wyš** 'more and more, furthermore'
wyš'h-	[wišāh-] c. 'open, free, release'; pass. **wyšyh-** [wišīh-] Pe. 'be opened'; pp. **wys'd, wš'd** [wišād] c.

wyš'h'g	[wišāhāg] c. 'releaser, redeemer'
wyš'h'n	[wišāhān] Pe., pres. pt., 'releasing, spreading'
wyš'hg	[wišāhag] Pth. 'releaser, redeemer'
wyš'n-	[wišān-] Pth. 'shake off, shake down'
wyšmn-,wšmyn-	[wišmin-] Pth. 'be glad'; secondary pp. **wyšmn'd, wšmn'd**
wyšmn'g, wšmn'g	[wišmināg] Pth. 'joyous, joyful; pleasant, gay'
wyšmyd	[*wišmid] Pth. 'glad' (cf. *wxšmyd*)
wyštyr-, wštyr	[wištīr-] Pe. 'prosper, thrive, be fortunate'
wyšyh-	see under *wyš'h-*
wyt'b-	[witāb-] Pth. 'shine'; secondary pp. **wyt'b'd**
wyw	[wēw] Pth. 'air'
wyw'syn-	[wiwāsēn] Pe. 'soothe, calm (?)'
wywd-	[wiwad-] Pth. 'separate, distinguish'; short inf. **wywd'd**
wywg	[wayōg] Pe. 'bride'
wyxt	[wixt] Pth., pp., 'selected, chosen'
wyxtg	[wixtag] Pth., pp., 'selected, chosen'
wyyb-	see *wyb-*
wyyb'g	see *wyb'g*
wyyn-	see *wyn-*
wyz'd	[wizād] Pth., pp., 'having departed, left, abandoned'
wyz'ng	[*wizānag] Pth., ?
wyz'wg	[wizāwag] Pth. 'exuded (?)'
wyz'y-	[wizāy-] Pe. 'diminish, harm'
wyzmr-	[wizmar-] Pth. 'wither'
wz-	[waz-] Pth. 'blow (of the wind); move swiftly, fly'
wzrg	[wuzurg] c. 'great, big'
wzrgyft	[wuzurgīft] Pth. 'greatness'
wzrgyh	[wuzurgīh] Pe. 'greatness'
wzrgyh'	[wuzurgīhā] Pe. 'greatly, strongly'
wzrgystr	[wuzurgestar] Pth. 'greater'
wzw-	[wizaw-] Pth. 'die (of a plant); go out, be extinguished (of a lamp)'; pp. **wzwd** [wizūd]
wzydd'dyst'n	see *wcydd'dyst'n*
wzynd	[wizend] Pth. 'damage, harm'
wzyndg'r	[wizendgār] c. 'wrong-doer, sinner'
wzyšt	[*wizēšt] Pth. 'zealous'

wzyštyh	[*wizēštīh] Pe. 'zeal'
wzyštyh'	[*wizēštīhā] Pe. 'zealously'
x'n	[xān] Pth. 'house'
x'ns'r	[xānsār] Pth. 'spring, well'
x'nyg	[xānīg] c. 'spring, well'
x'r	[xār] Pe. 'thorns'
x'z-	[xāz-] Pth. 'devour'; secondary pp. **x'z'd**
x'zyndg	[xāzendag] Pth. 'devouring'
xdm	[xaδm] Pth. 'wound'
xn-	[xann-] Pe. 'smile, laugh'
xndynd	[xandend] Pth., pres. pt., 'smiling'
xr-, xyr-	[xir-] Pe. 'buy'
xrd	[xrad] c. 'wisdom'; in Pe. also 'admonition, counsel'
xrdmyn	[xradmen] Pth. 'wise'
xrdyšhr yzd	[xradešahr yazd] Pe. 'god of the world of wisdom', i.e. Jesus or the Great Nous
xrwh	[xrōh] Pe. 'call'
xrwhw'n	[xrōhwān] Pe. 'preacher'
xrwhwnd	[xrōhwand] Pe. 'preacher'
xrwhxw'n	[xrōhxwān] Pe. 'preacher'
xrwhxw'nyy	[xrōhxwānī] Pe. 'preaching'
xrws	[xrōs] Pth. 'call'
xrws-	[xrōs-] Pth. 'call, evoke'; pp. **xrwšt** [xrōšt]
xrwsg	[xrōsag] Pth. 'one who calls'
xrwst'r	[xrōstār] Pe. 'oppressor (?)'
xrwšt	see under *xrws-*
xrwštg	[xrōštag] Pth. 'called; the divinity Call' (cf. Pe. *myzdgt'c yzd*)
xrwxw'ny	[xrōxwānī] Pe. 'preaching'
xryn-	[xrīn-] Pe. 'buy'
xst	[xast] Pe., pp., 'wounded'
xw'br	[xwābar] Pe. 'bounteous; benefactor'
xw'h-	[xwāh-] Pe. 'wish, desire'; pp. **xw'st** [xwāst]; inf. **xw'stn**
xw'h'n	[xwāhān] Pe., pres. pt., 'wishing'
xw'n	[xwān] Pe. 'cloth set with food; food; communion meal'
xw'n-	[xwān-] Pe. 'call, invoke, summon'; pp. **xwnd** [xwand]; inf. **xwndn**

xw'nyh-   [xwānīh-] Pe., pass., 'be called'; secondary pp. **xw'nyhyst**

xw'r   [xwār] Pe. 'food'; **xw'r 'wd b'r** 'food of all kinds'

xw'ryn   [xwārīn] Pe., pl. only, 'sisters'

xw'ryst   [xwārist] Pe. 'sweetest (?)', only in the title **rwšn'n xw'ryst**, used of the Friend of the Lights

xw'st   see unter *xw'h-*

xw'stg   [xwāstag] Pe. 'property, possessions'

xw'stn   see under *xw'h-*

xw'štygr   [xwāštīgar] Pe. 'doer of good actions, beneficent'

xw'štyh   [xwāštīh] Pe. 'good action, virtue; peace, peacefulness'

xwᶜyš   see *xwyš*

xwb   [xūb] Pe. 'good'

xwbyh   [xūbīh] Pe. 'goodness'

xwd   [xwad] Pe. 'self'; as adv. of emphasis, 'truly, indeed'

xwd'wn   [xwadāwan] c. 'lord'

xwd'wy   scribal error for *xwd'y* ? (y 10)

xwd'y   [xwadāy] c. 'lord'

xwdy'   [*xwadayā] Pe. 'lord (?)'

xwft   [xuft] c., pp., 'having slept; sleeper'

xwj   [xōž] Pth. 'pleasant, good'

xwmbwy   [xombōy] Pth. 'fragrant'

xwmbwyft   [xombōyīft] Pth. 'fragrance'

xwmbwyn   [xombōyēn] Pe. 'fragrant'

*xwmbwyy   [xombōyī] Pe. 'fragrance'

xwmr   [xwamr] Pth. 'sleep'

xwn   [xōn] Pe. 'blood'

xwn-   [xun-] Pth. 'be heard, sound'

xwnd   see under *xw'n-*

xwndg   [xwandag] Pe. 'invoked, created'

xwndn   see under *xw'n-*

xwnk   [xunak] Pe. 'lo! hail!'

xwnkyh   [xunakīh] Pe. 'happiness, fortune'

xwnyh-   [xunīh-] Pe., pass., 'be called'

xwnyn   [xōnēn] Pe. 'bloody'

xwr	[xwar] Pe. 'sun'
xwr-	[xwar-] Pe. 'eat, consume'; pp. **xwrd** [xward]; inf. **xwrdn**
xwr'sʼn	[xwarāsān] Pe. 'east'
xwr'sʼnyg	[xwarāsānīg] Pe. 'eastern'
xwr'sʼnyhʼh	[xwarāsānīhā] Pe. 'easterly'
xwrd, xwrdn	see under *xwr-*
xwrdyg	[xwardīg] Pe. 'food'
xwrn	[xwaran] Pe. 'meal, repast'
xwrnwʼr	[xwarniwār] Pe. 'west'
xwrprʼn	[xwarparān] Pe. 'west'
xwrprʼnyg	[xwarparānīg] Pe. 'western'
xwrprʼnyhʼh	[xwarparānīhā] Pe. 'westerly'
xwrspyg	[xwarispīg] Pe. 'sun-bright'
xwrwprʼn	[*xwarōfrān] Pe. 'evening (?)'
xwrxšyd	[xwarxšēd] Pe. 'sun'
xwsrw	[*xusraw] pr. name in Pth.
xwš	[xwaš] Pe. 'pleasant, good'
xwšn	[*xwašan] Pe. 'goodness, beauty', only with **rwšnyh**
xwšnʼm	[xwašnām] Pe. 'of good name, of fair fame'
xwš-rʼy	[xwaš-rāy] Pe. 'of good judgment'
xwšyy	[xwašī] Pe. 'goodness'
xwwd	[xōδ] Pth. 'helmet'
xwy	[xōy] Pe. 'helmet'
xwybš	[xwēbaš] Pe. 'own' (older form of *xwyš*)
xwyd	[xwēd] Pe. 'damp, moist'
xwydg	[xwēdag] Pe. 'sappy, moist'
xwyš, xwʿyš	[xwēš] Pe. 'own'
xybrʼ	[*xēbrā] pr. name of a woman in Pe., and in Pth. (**xybrʼ ʼʼwsyg**)
xyn	[xēn] Pe. 'vengeance'; **xyn zn-** 'pursue vengeance'
xyndg	[xīndag] Pe. 'sick, ill'
xyr	[xīr] Pe. 'thing'
xyr-	see *xr-*
xyšm	[xēšm] Pe. 'anger, wrath'; pl. **xyšmʼn** 'demons of wrath'
xyšmʼwnd	[xēšmāwand] Pe. 'angry, wrathful'
xyšmyn	[xēšmēn] Pe. 'angry, wrathful'
***xyšmywryst**	see y 51, notes

xyws	see *m'ny' xyws*
xyym	[xēm] Pe. 'wound'
xyz-	[xēz-] Pe. 'rise, arise'
xyz'n	[xezān] Pe., pres. pt., 'creeping, crawling'
xz-	[xez-] Pth. 'creep'
y'd-	[yād-] c. 'stretch out; reach, come to, attain'
y'kwb	[yākōb] c., Semitic pr. name, 'Jacob'
y'wr	[yāwar] Pth. 'time, occasion'; **y'wr y'wr** 'from time to time'
y'wyd	[yāwēd] Pth. 'eternal, eternally'
y'wyd'n	[yāwēdān] Pth. 'eternal, eternally'
y'wyd'ng	[yāwēdānag] Pth. 'eternal, eternally'
y'zdh	[yāzdah] Pe. 'eleven'
y'zdhwm	[yāzdahom] Pe. 'eleventh'
yd	[yaδ] Pth., conj., 'until'; **yd kd** 'until when, until, as long as'; **yd 'w**, compound prep., 'till, up to, for'
yhm	[yahm] Pth. 'until', only in phrases such as **yhm y'wyd y'wyd'n** 'for ever and ever'
yhwd	[yehūd] Pth. 'Jew'
yk	[yak] Pe. 'one'; **yk yk** 'one by one'
ymg[1]	[yamag] Pth. 'twin'; used as title of the head of the Man. church, and also of divinities
ymg[2]	[yamag] Pth. 'holy day in honour of a head of the church' (the word does not occur in the texts of the *Reader*)
ymg'nyg	[yamagānīg] Pe. 'of the *yamag*[2]', i.e. concerned with the *yamag* holy days
ysk	[yask] Pe. 'sickness'
ysn	[yasn] Pe. 'worship'
yštg	[yaštag] Pe. 'consecrated'
yšw'	see *yyšw'*
yw'n	[yuwān] Pth. 'youth, young man'
yw'ngyft	[yuwānagīft] Pth. 'youth, time of youth'
ywb-	[yōb-] Pth. 'suffer, lament'
ywbhr	[yōbahr] c. 'complaint, sickness'
ywbyšn	[yōbišn] Pth. 'suffering'
ywd	[yud] Pth. 'separate'; **ywd ywd** 'separately, singly'; **ywd 'c** 'apart from, separate from'; **ywd ''wyndq** 'without equal (?)'

ywdy-	[yuδy-] Pth. 'take pains, strive'
ywjdhr	[yōjdahr] Pe. 'holy, hallowed'
ywlg	[?] Pth., a laudatory adj.
ywn'w	[yōnāw] Pth. 'Greek (language)'
ywšt	see under ywz-
ywz-	[yōz-] Pth. 'agitate, set in motion, convulse; be agitated'; pp. ywšt [yušt]
yxš	[yaxš] Pth. 'yakṣa, a class of demon'
yyšw', yyšw, yšw'	[yišō] c., Semitic pr. name 'Jesus'
yyšw''ry'm'n	[yišō-aryamān] Pe. 'Jesus the Friend'
yyšw'knygrwšn	[yišō-kanīgrōšn] Pe. 'Jesus (and) the Maiden of Light'
yyšw'yg	[yišō'īg] Pe. 'of Jesus, concerning Jesus'
yyšw'zyndkry	[yišōzīndakkarī] Pe. 'concerning Jesus the Saviour'
yyšwzyw'	[yišōzīwā] Pth. 'Jesus the Splendour'
yyz-	[yaz-] Pth. 'worship'
yzd	[yazd] c. 'god'; as honorific, 'lord' (in late Pe. only)
yzd'md	[yazdāmad] pr. name in Pe.
yzdyg	[yazdīg] Pe. 'divine'
yzdygyrd	[yazdegird] c. 'made by the gods, divine'
yzdygyrdyh	[yazdegirdīh] Pe. 'godliness'
-z	see -c
z'd	see under z'y-
z'dg	[zādag] c. 'child, son'
z'dmwrd	[zādmurd] Pth. 'transmigration of souls, mortal existence'
z'm-	[zām-] Pe. 'lead, send'; pp. z'pt [zāft]
z'm'g	[zāmāg] Pe. 'leader'
z'myn-	[zāmēn-] Pe. 'lead, lead forward'
z'n-	[zān-] Pth. 'know'; secondary pp. z'n'd; short inf. z'n'd
z'nwg	[zānūg] Pth. 'knee'
z'nynd	[zānend] Pth. 'one who knows, a gnostic'
z'pt	see under z'm-
z'r	[zār] Pth. 'sorrow, suffering'
z'ryh	[zārīh] Pth. 'sorrowful, sorrowfully'
z'wr	[zāwar] Pth. 'strength, power'

z'y-	[zāy-] c. 'bear, give birth to; engender; be born, come forth'; pp. **z'd** [zād]
z'yn-	[zāyēn-] Pe. 'bear, give birth to'
z'yšn	[zāyišn] Pe. 'birth'
z'z	[zāz] Pe. 'grass, vegetation'
zʿwr	[zūr] Pe., occasionally also Pth., 'deceit, falsehood; deceitful, false' (cf. *zwr*²)
zʿwrgwg'y	[zūrgugāy] Pe., adj., 'bearing false witness'
zʿwrw'ž	[zūrwāž] mixed form in Pe. 'liar'
zʿwryg	[zūrīg] Pe. 'deceitful'
zʿyg	[zīg] Pe. 'rope'
zbyn	[zabēn] Pth. 'lovely, fair'
zbynystr	[zabēnestar] Pth. 'most lovely, fairest'
zd	see under *zn-*
zdzhg	[zadzahag] Pe. 'having smitten offspring'
zgr	[zgar] Pe. 'melody, tune'
zgrw'c	[zgarwāz] Pe. 'of melodious voice, melodious' (misprinted, cu 33)
zhg	[zahag] c. 'offspring, progeny; child'
zhr	[zahr] Pe. 'poison'
zhryn	[zahrēn] Pe. 'poisonous'
zkw	[zaku] pr. name in Pth.
zm'n	[zamān] Pe. 'time; hour; moment of time, moment'; **pd wysp zm'n** 'at all times'; **pd zm'n** 'in due time'; **pd zm'n zm'n** 'from time to time'
zm'nwmnd	[zamānōmand] Pe. 'temporal'
zmb	[zamb] place name in Pth.
zmb'gr	[zambāgar] Pth. 'fighter'
zmbg	[zambag] Pth. 'fight, battle'
zmbwdyg	[zambūdīg] Pth. 'the world'
zmyg	[zamīg] c. 'earth, soil; the earth, one of the four earths; world; land, realm'
zmygrwšn, zmyg rwšn	[zamīg-rōšn] c. 'the world of Light', i.e. Paradise
zn	[zan] Pe. 'woman'; pl. **znyn**
zn-	[zan-] Pe. 'beat, strike, smite'; pp. **zd** [zad]
zn'n	[zanān] Pe., pres. pt., 'striking, smiting'
znd	[zand] Pe. 'tribe, clan'
zndbyd	[zandbed] Pe. 'master, lord of the tribe'
zng	[zanag] c. 'kind, sort'
znx	[zanax] Pth. 'chin'

zrdrwšt	[zardrušt] pr. name in Pe. 'Zoroaster'
zrdrwštg'n	[zardruštagān] Pe. 'Zoroastrian'
zrhwšt	[zarhušt] pr. name in Pth. 'Zoroaster'
zrhyg	[zrehīg] Pth. 'of the sea'
zrm'nyh	[zarmānīh] Pe. 'old age'
zrnyn	[zarnēn] Pth. 'golden'
zrw'n[1]	[zarwān] Pth. 'old age'
zrw'n[2]	[zarwān] Pe. 'Time, Chronos'; used as pr. name for the Father of Greatness
zrw'nd'd	[zarwāndād] pr. name in Pth.
zryg	[zarīg] c. 'sorrow, suffering'
zryh	[zrēh] Pth. 'sea'
zryzdyh'	[zrezdīhā] Pe. 'devotedly'
zstg	[zastag] Pe. 'bride'
zwd	[zūd] Pe. 'quick'; **zwd zwd** 'very quickly'
zwhr	[zōhr] Pe. 'libation; oblation'
zwnws	[zōnos] Pth. 'district, zone'
zwp'y	[zufāy] Pe. 'depth'
zwpr	[zufr] Pe. 'depth'
zwr[1]	[zōr] Pe. 'strength, power'; with suff. pro. pl. 2, **zwryd'n**; pl. 'the Powers', i.e. the personified powers of good
zwr[2]	[zūr] Pth. 'deceit, falsehood; deceitful, false; vain, in vain' (cf. *z'wr*)
zwrmnd	[zōrmand] c. 'strong'
***zwrw'cyšn**	[zūrwāzišn] Pe. 'deceitful speech'
zwryd'n	see under *zwr*[1]
zwryy	[zōrī] Pe. 'strength, power'
zwš	[zōš] Pth. 'love'
zwyn	[zawēn] Pe. 'lovely, fair'
zxs-	[zaxs-] Pth. 'sound (of voices and music)'
zy'n	[zyān] Pe. 'harm, destruction'
zyhr	[zīhr] Pe. 'life'
zyhryh	[zīhrīh] Pe. 'life'
zyhryn	[zīhrēn] Pe. 'living'
zyn	[zēn] c. 'weapon, sword; armour, arms'
zyn'rys by	[zēnārēs bay] Pe., pr. name for the Third Messenger
zynd'n	[zēndān, Pe., zēnδān, Pth.] c. 'prison'
zynd'nyg	[zēndānīg] Pe. 'prisoner' (or 'jailer' ?)

zyndg	[zīndag] Pe. 'living'; pl. 'the living'
zyndkr	[zīndakkar] Pe. 'life-giver, saviour, redeemer'
zyndkryy	[zīndakkarī] Pe. 'salvation, redemption'
zyngyn	[zēngēn] Pth. 'weaponed, armed'
zyr	[zīr] Pe. 'intelligent, wise'
zyrd	[zirδ] Pth. 'heart'
zyrdr	[zīrdar] Pe. 'wiser'
zyryy	[zīrī] Pe. 'wisdom'
***zyšt**	[zešt] Pe. 'hateful'
zyštyft	[zeštīft] Pth. 'hatred, hate'
zyw-	[zīw-] Pe. 'live'
zyw', zyw'h	[zīwā(h)] c. 'splendour' (only as an epithet of the god Jesus)
zywyn-	[zīwēn-] Pe. 'make live. give life'
zywyn'g	[zīwēnāg] Pe. 'life-giver'
zyyšn	[zīšn] Pe. 'meal, banquet'

RONALD ZWANZIGER

REVERSE INDEX TO
A READER IN MANICHAEAN MIDDLE PERSIAN AND PARTHIAN

It was in the very early days of the study of the Turfan texts that Carl Salemann published in Hebrew script a short *Verzeichnis der Wortausgänge*, which, together with the first adequately transliterated texts, a glossary and grammatical notes, formed his *Manichaeische Studien*[1]. Since then many other Middle Persian and Parthian texts have been published from the Turfan collection, most of which have been brought together by Mary Boyce in *A Reader in Manichaean Middle Persian and Parthian*. Texts with Notes. Tehran-Liège 1975 (= Acta Iranica 9). The value of a reverse index to such texts is evident, for grammatical studies, for the investigation of graphic variants, and as an aid to the exacting task of restoring damaged and missing words in these ill-preserved fragments. Accordingly I was happy to accept Professor Boyce's invitation to prepare the present index to accompany the glossary to the *Reader*. It contains more than 5000 entries (with every variation of spelling), and was extracted from a fuller reverse index (which includes unpublished material) which I had already made, together with word concordances ab initio.

All the indexes were prepared on a computer of London University, on the basis of a programme devised by Dr. Colin Day of University College, London, and adapted by me with the generous help of Mr. W. M. Mann, Lecturer in Bantu Languages at the School of Oriental and African Studies. The original suggestion to use a computer to make a comprehensive compilation of material for grammatical studies came from Professor D. N. MacKenzie.

The alphabetic order adopted for the reverse index is the same as that used in the glossary for the *Reader*, that is ', ', b (β), c, d (δ), f, g (γ), h (ẖ), j, k (q), l, m, n, p, r, s, š, t (ṯ), w, x, y, z, ž. An asterisk before a form means that the word is reconstructed to a greater or less extent

---

[1] Carl Salemann, *Manichaeische Studien*, Mémoires de l'académie impériale des sciences de St.-Pétersbourg. VIIIe série. Classe historico-philologique. Volume VIII. N° 10. St.-Pétersbourg 1908.—Reverse index on p. 133 sqq.

and occurs only once in the *Reader*. Compounds written as one word
are treated as such, but compounds hyphened in the *Reader* appear
as two different entries.

A similar index has been made for the Middle Persian and Parthian
inscriptions[2], and this and the present one are the only working
instruments of their kind in the field of Middle Iranian Studies, which
still lacks so many of the basic tools which philologists in other fields
have come to regard as essential.

srwd''	'm'h'
mšyh''	'm'ẖ'
xwd'y''	nwgm'h'
yyšw''	'bxš'h'
b'	mwrw'h'
*'bd'c'	'zy'h'
mnbyc'	frh'
d'	wcyh'
'd'	'dyh'
'b'd'	d'dyh'
y'd'	š'dyh'
hwfry'd'	*zryzdyh'
'gd'	wzrgyh'
'mwrd'	'ywštgyh'
z'dmwrd'	'gwmygyh'
bwd'	'byzgyẖ'
drwd'	thmyh'
xwrxšyd'	tnyh'
b'm-yzd'	'spwryh'
š'd-'wrmyzd'	mšyh'
'g'	r'styh'
bg'	wzyštyh'
bylg'	tyzyh'
rzmg'	nhynj'
rg'	bwj'
h'	k'

[2] Rüdiger Schmitt, 'Reversindex zum Glossar der mittelpersischen und parthischen
Steininschriften'. *Indo-Iranian Journal*. Volume XV – No. 4 (1973), 241-263.

’bd’c’d

s’c’d

ps’c’d

w’c’d

pw’c’d

’mwc’d

pdmwc’d

d’d

hwfry’d’d

nyjd’d

b’md’d

d’md’d

zrw’nd’d

wynd’d

nrbd’d

frwd’d

wywd’d

’ng’f’d

q’f’d

ng’d

h’d

’h’d

’bxš’h’d

xw’h’d

pdwh’d

wyfr’yh’d

wypr’yh’d

ʿst’yh’d

hs’cyh’d

wcyh’d

*’zdyh’d

ʿst’nyh’d

xw’nyh’d

xw’nyẖ’d

wryh’d

pdyryh’d

qyryh’d

’bysyh’d

qyšyh’d

*’šynzyh’d

’wzyh’d

’ndrynj’d

bwj’d

’šyj’d

ʿzgwl’d

*myl’d

m’d

*’m’d

d’m’d

j’m’d

’bj’m’d

hnj’m’d

q’m’d

’hr’m’d

nyr’m’d

phykm’d

phyqm’d

nm’d

frm’d

prm’d

wm’d

hym’d

phykym’d

phyqym’d

’n’d

d’’n’d

d’n’d

m’n’d

s’n’d

ʿst’n’d

*’wyyšt’n’d

z’n’d

prgn’d

phykn’d

wyšmn’d

wsn’d

qwn’d

pdxwn’d

nyrwg’yn’d

rwcyn’d

ʿsṯʼnʼnd

wʼnʼnd

cnʼnd

ʼbgnʼnd

kwnʼnd

qwnʼnd

bynʼnd

rʼmynʼnd

zʼmynʼnd

frmynʼnd

wynʼnd

pyrwzynʼnd

phryzynʼnd

znʼnd

*ʼwznʼnd

qpʼnd

dʼrʼnd

ʿzwʼrʼnd

brʼnd

ʼʼwhrʼnd

ʼʼwrʼnd

ʼfwrʼnd

pdyrʼnd

wdyrʼnd

*gyrʼnd

wnyrʼnd

ʿšnʼsʼnd

hndsʼnd

frzwfsʼnd

wypsʼnd

hmwxsʼnd

gwmyxsʼnd

*prbysʼnd

nywšʼnd

nyyšʼnd

ʿystʼnd

ʿysṯʼnd

prystʼnd

bwʼnd

gwʼnd

rwʼnd

šwʼnd

zywʼnd

ʼbzwʼnd

ʼʼyʼnd

*gwmʼyʼnd

pʼyʼnd

wʼyʼnd

zʼyʼnd

ʼbzʼyʼnd

nyzʼyʼnd

dyʼnd

nšyyʼnd

mrzʼnd

*bwzʼnd

prwzʼnd

phryzʼnd

pdyyzʼnd

bnd

pdbnd

hʼmbnd

tgnbnd

šgr-qyrbnd

cnd

cnd-sʼrg

ʼʼgnd

prʼgnd

ʼbgnd

ʿjgnd

ngnd

hngnd

swgnd

wygnd

hnd

knd

phyqnd

bwlnd

*dwdmnd

zwrmnd

drdwmnd

s'gwmnd

kn'rgwmnd

s'm'nwmnd

zm'nwmnd

wymnd

pnd

pnd-p'y'n

h'mpnd

hwnsnd

tnd

ʿystnd

*nyrwg'wnd

h'wnd

xyšm'wnd

wryhr'wnd

hwnr'wnd

pdxšr'wnd

pdyxšr'wnd

cwnd

gwnd

'bγwnd

ngwnd

qwnd

pwnwnd

drwnd

'stwnd

''stwnd

xwnd

h'm'xwnd

dwxwnd

''ynd

nyg'ynd

nh'ynd

p'ynd

pdr'ynd

*frsr'ynd

ʿst'ynd

w'ynd

z'ynd

'bz'ynd

t'bynd

pry'bynd

pdrwbynd

ywbynd

ps'cynd

t'cynd

w'cynd

'w'cynd

tcynd

ngwcynd

pdmwcynd

pymwcynd

rwcynd

y'dynd

pry'dynd

bndynd

fr'gwndynd

xndynd

wyndynd

grdynd

bwrdynd

bwdynd

šwdynd

ywdynd

kfynd

rfynd

pdrfynd

wfynd

hynd

ḥynd

'hynd

pdxš'hynd

pdyxš'hynd

hmbhynd

dhynd

šhynd

nyxrwhynd

w'nyhynd

hng'ryhynd

qyryhynd

byšynd	ʿyštyynd
ʾndyšynd	dwyynd
ʾmwrtynd	mwyynd
ʿzwrtynd	nʾzyynd
ʿystynd	ʾzynd
prystynd	ʾʾzynd
nbyštynd	nʾzynd
ʾwyšṯynd	brʾzynd
wʾxtynd	pdrʾzynd
ʾwynd	wyrʾzynd
prgʾwynd	xʾzynd
nyrwgʾwynd	ʾxʾzynd
hʾwynd	wxʾzynd
ʿsprhmʾwynd	drzynd
ʾnʾwynd	ʾbdrzynd
*ʿspʾwynd	pdrzynd
drʾwynd	frzynd
pdyšfrʾwynd	lrzynd
hwnrʾwynd	przynd
srʾwynd	bwrzynd
pdyxšrʾwynd	wzynd
fršʾwynd	twzynd
ʿstʾwynd	ywzynd
bwynd	ʾbywzynd
dwynd	ʿspyzynd
gwynd	phryzynd
ʾngwynd	ʾxyzynd
jwynd	prxyzynd
nwynd	znd
ʾšnwynd	ʾznd
rwynd	ʾʾznd
*drwynd	pd
šwynd	hmpd
jywynd	ʾwbʾrd
przywynd	bγʾrd
ghrʾʾyynd	ngʾrd
dyynd	gwmʾrd
gryynd	wynʾrd
syynd	drd
nyysyynd	wdrd

y'dyd

pry'dyd

bndyd

*cndyd

wndyd

wyndyd

'y'rdyd

wrdyd

'mwrdyd

'gwdyd

ywdyd

nšydyd

kfyd

wfyd

hyd

'hyd

''hyd

'wzm'ẖyd

pdxš'hyd

wyš'hyd

dhyd

prhyd

šhyd

pdwhyd

'spwhyd

nxrwhyd

'ps'yhyd

š'yhyd

'st'yhyd

'st'yẖyd

p'cyhyd

ncyhyd

wcyhyd

'dyhyd

wmyhyd

'bhwmyhyd

wymyhyd

d'nyhyd

'st'nyhyd

xwnyhyd

wynyhyd

'šm'ryhyd

prwryhyd

qyryhyd

wšyhyd

hngyšyhyd

'ystyẖyd

š'yyhyd

'zyhyd

mwrzyhyd

'wzyhyd

''jyd

nhynjyd

*'bdrynjyd

wjyd

bwjyd

prg'myd

j'myd

k'myd

q'myd

'n'myd

'hr'myd

cmyd

mnhmyd

mnwhmyd

brmyd

wšmyd

wxšmyd

wyšmyd

gwg'nyd

wyg'nyd

wygr'nyd

'st'nyd

z'nyd

wygnyd

wyšmnyd

snyd

kwnyd

bwxsyd

'mwxsyd

*wryxsyd

zxsyd

nbysyd

dysyd

'bdysyd

nhrysyd

b'šyd

drfšyd

ngwšyd

hwšyd

'xšyd

bxšyd

hmbxšyd

xwrxšyd

whmn-xwrxšyd

frwxšyd

*twxšyd

byšyd

'ndyšyd

hndyšyd

nyyšyd

wrtyd

ʿstyd

ʿystyd

ʿysṯyd

prysṯyd

ʿštyd

c'wyd

'bg'wyd

h'wyd

ʿsp'wyd

dr'wyd

ʿsṯ'wyd

y'wyd

bwyd

gwyd

rwyd

ṯrwyd

gyrwyd

šwyd

xwyd

*jywyd

zywyd

'bzwyd

wzwyd

z''yyd

'wb'yyd

gwm'yyd

z'yyd

'bz'yyd

cxš'byyd

cyyd

pw'cyyd

dyyd

hyyd

šhyyd

q'myyd

dmyyd

phykmyyd

nyyd

mnyyd

nwnyyd

'xšynyyd

wynyyd

znyyd

d'ryyd

nydf'ryyd

'fryyd

gryyd

*'wryyd

''wryyd

prwryyd

xwṛyyd

'syyd

wsyyd

*pr'mwšyyd

hmbxšyyd

xwrxšyyd

sr'wyyd

ʿsṯ'wyyd

bwyyd

nmwyyd

ʿsnwyyd

rwyyd

'bzwyyd

'mzyyd

yyzyyd

wyr'zyd

wx'zyd

pršynzyd

przyd

mwrzyd

'mwrzyd

prwrzyd

hyrzyd

szyd

wzyd

'wzyd

bwzyd

xzyd

whyzyd

ʿspyzyd

phryzyd

'xyzyd

prxyzyd

nyš'zyd

zd

zd-zhg

'zd

n'zwgyʿzd

'whrmzd

'wrmzd-by

nzd

pzd

'wzd

yzd

srygrqyrbyzd

nryshyzd

myzd

b'myzd

'whrmyzd

š'd-'whrmyzd

š'd-'wrmyzd

qyšwrw'ryzd

rwšn-šhryzd

rwšnšhryzd

xrdyšhryzd

myhryzd

nwgšḫr-'pwryzd

šrwš''wyzd

n'f

*sdf

nrysf

kwf

qwf

''lyf

'g

nys''g

br'z''g

'b'g

*t'b'g

ʿdb'g

'mb'γ

wšwb'g

wyb'g

*'bd'c'g

hmwc'g

rwc'g

w'd'g

pry'd'g

'nd'g

'nd'γ

gnd'g

swnd'g

q'rd'g

srd'g

byš'zyẖ	ysk
pyrwzyẖ	tšk
'xšwzyẖ	hwšk
ywzyẖ	ryšq
	'ryšk
pnj	bzyšk
rnj	'wrjwq
rxtrnj	yk
ʿspynj	nzdyk
bwj	'gwmyq
prwj	zmyq
šwj	nyk
xwj	xwrpr'nyq
prywj	zʿwryq
t̲yj	zryq
	'ndrw'zyq
w'd'q	
'byd'q	
h'm'q	'wl
p'k	rwfʿyl
p'q	myh'yl
nw'k	rwp'yl
''y'q	gbr'yl
pscq	sr'yl
pdycq	myx'yl
'ndk	ʿyl
'ndq	b'byl
jywndq	t̲byl
''wyndq	dyl
qwdk	ddyl
bšyhk	wddyl
bšyhq	dwjdyl
m'nq	nysdyl
xwnq	rfyl
ʿynk	smyl
'rk	'nyl
mytrq	pyl
wzrq	'bryl
rsk	qwyl

ʿstʾym	kwmʾʾʾʾʾn
ʿym	xwdyʾhʾʾʾn
cym	bʾʾn
ngwcym	pʾsbʾʾn
hmwcym	rwcʾʾn
dym	hmwwcʾʾn
dydym	wʾdʾʾn
hym	frzyndʾʾn
ḥym	mwrdʾʾn
ʾhym	ʾnwdʾʾn
xwʾhym	jʾydʾʾn
pywhym	nʾypzdʾʾn
kym	yzdʾʾn
ʿskym	hmwcʾgʾʾn
dʾnym	pryʾdʾgʾʾn
xwʾnym	ngwšʾgʾʾn
ʾwznym	ʾʾyʾgʾʾn
rym	bgʾʾn
dʾrym	dšnyzʾdgʾʾn
ʾwrwʾrym	qyrdgʾʾn
nmbrym	wjydgʾʾn
mycrym	ymgʾʾn
mrym	wrgʾʾn
ʾpwrym	wzrgʾʾn
pdyrym	sgʾʾn
ʾsym	ʿspsgʾʾn
nšym	wyptgʾʾn
qwšym	prystgʾʾn
ʿstym	fryštgʾʾn
wym	tryxtgʾʾn
gwym	prygʾʾn
wryšlyym	hwstygʾʾn
gryym	hʾʾn
xyym	ḥʾʾn
bwzym	prhʾʾn
phryzym	prhʾʾn-sryygr
bzm	pywhʾʾn
rzm	gyʾgyhʾʾn
	wzrgyhʾʾn
ʾn	myhʾʾn

ʿšqwhʾn

ncyhʾn

wymndyhʾn

gyhʾn

gyʾgyhʾn

qyrbgyhʾn

nhwptgyhʾn

wyhyhʾn

qyhʾn

kyšwryhʾn

wdymwštyhʾn

wyspwyhʾn

gʾhyyhʾn

ʾrjʾn

*drwjʾn

šwjʾn

*prywjʾn

qʾn

pʾkʾn

pʾqʾn

bšyhkʾn

nzdykʾn

klʾn

qlʾn

cylʾn

dylʾn

mʾn

ʾmʾn

dʾmʾn

hndʾmʾn

hnʾmʾn

ʾsʾmʾn

ʾʾwʾmʾn

ʾryʾmʾn

by-ʾryʾmʾn

yyšwʿʾryʾmʾn

bycmʾn

mʾdmʾn

pdmʾn

grdmʾn

bwjydmʾn

yzdmʾn

rʾynʾgmʾn

hwydgmʾn

ʾwʾhmʾn

dhmʾn

ʿsprhmʾn

thmʾn

ṭhmʾn

ṯhmʾn

mrdwhmʾn

myhmʾn

jmʾn

bzyškmʾn

dšnmʾn

wcʾrmʾn

brmʾn

drmʾn

pydrmʾn

frmʾn

hwfrmʾn

nrmʾn

prmʾn

qʾr-prmʾn

hwprmʾn

ʿstwrmʾn

ʾsmʾn

gyrd-ʾsmʾn

ʾʾsmʾn

grʾsmʾn

dysmʾn

cšmʾn

hnjšmʾn

ʾwšmʾn

pyšmʾn

xyšmʾn

šhrdʾryfṯmʾn

ʾwmʾn

ʾbʾwmʾn

ʾyʾbwmʾn

mrdwm'n

pdgwm'n

kwm'n

trkwm'n

twm'n

grywm'n

nyzwm'n

xwd'ym'n

ʿym'n

cym'n

hndym'n

pym'n

nrym'n

pšym'n

zm'n

'zm'n

nyzm'n

n'n

b'sb'n'n

*p'sb'n'n

pwštb'n'n

šwb'n'n

'byst'g'n'n

dwškyrdg'n'n

dwšqyrdg'n'n

'byst'wg'n'n

wyg'n'n

wd'nm'n'n

'sm'n'n

trqwm'n'n

s'n'n

nyš'n'n

ʿst'n'n

wcydd'dyst'n'n

wzydd'dyst'n'n

m'nyst'n'n

m'nyst̲'n'n

xrwhw'n'n

rw'n'n

hrw'n'n

xrwhxw'n'n

xrwxw'n'n

gy'n'n

'n'rz'n'n

š'dcn'n

kwm'rcn'n

*hngn'n

qhn'n

mn'n

whmn'n

rymn'n

sn'n

bšn'n

rwšn'n

swcyšn'n

prg'myšn'n

h'mkwnyšn'n

'wryšn'n

gwyšn'n

'wyštn'n

dwn'n

hwzrgwn'n

kwn'n

ʿstwyqwn'n

''trwn'n

ʿstwn'n

sxwn'n

qtrywn'n

rw'ncyn'n

prcyn'n

dyn'n

whydyn'n

p'rgyn'n

'wrzwgyn'n

hwmryn'n

wyn'n

xwmbwyn'n

zn'n

mzn'n

'wzn'n

mn	ʾwdʾyšn
cmn	prmʾyšn
nbdmn	pʾrʾyšn
hndmn	drʾyšn
whmn	wyrʾyšn
whmn-xwrxšyd	ʾbšʾyšn
ʾnjmn	ʾbxšʾyšn
šʾqmn	ʿstʾyšn
ʾhrmn	ʿs̱tʾyšn
dwšmn	zʾyšn
twxmn	nyzʾyšn
ryymn	ʾwyštʾbyšn
mʾzmn	bʾnbyšn
hnzmn	rwbyšn
pʾrn	hrwbyšn
mrn	ywbyšn
xwrn	*pʾcyšn
ʾxwrn	psʾcyšn
ysn	nwʾcyšn
dʾšn	pwʾcyšn
dšn	*zwrwʾcyšn
twxššn	swcyšn
ʿstʾwšn	pryʾdyšn
rwšn	ʾmdyšn
rwšn-šhr	wndyšn
rwšn-šhryzd	wyndyšn
prys̱tgrwšn	ʾyʾrdyšn
fryštgrwšn	wrdyšn
zmygrwšn	ʾmwrdyšn
knygrwšn	dydyšn
qnygrwšn	kʾhyšn
yyšwʿknygrwšn	ʾbxšʾhyšn
nxwrygrwšn	ʾgwhyšn
gʾhrwšn	swhyšn
fryhrwšn	pywhyšn
xwwšn	prgʾmyšn
xwšn	ʾbjʾmyšn
wxšn	ʾnjʾmyšn
ʾšʾʾyšn	kʾmyšn
ʾbʾyšn	qʾmyšn

prtwmʿyn

xwʾrʿyn

wxʾrʿyn

nxwsṯʿyn

hrwʿyn

ʾbyn

nbyn

zbyn

ʾbcyn

rwʾncyn

rwcyn

dyn

dyn-wzyndgʾrʾnʾ

ʾdyn

wʾdyn

ʾbdyn

pdyn

drdyn

ʾwdyn

*dwdyn

syzdyn

swcʾgyn

ʾndʾγyn

nysʾgyn

hwšʾgyn

pwʾgyn

ʾwzmʾhgyn

mgyn

hʾmgyn

nʾmgyn

prmʾngyn

ʾwhnngyn

zyngyn

pʾrgyn

ʾwrzwgyn

sygyn

nsʾẖyn

dhyn

shyn

pryhyn

synjyn

kyn

*ryškyn

hrwkyn

hrwqyn

myn

ʾmyn

bʾmyn

hʾmyn

xrdmyn

ʿsprhmyn

shmyn

lʾlmyn

hwʾrmyn

ʾhrmyn

prmyn

dwšmyn

xyšmyn

tmyn

ʾbdwmyn

prtwmyn

ʿstwmyn

ʿsṯwmyn

ʿymyn

rwʾnyn

gyʾnyn

rdnyn

ʾgnyn

ʾʾgnyn

jnyn

jmnyn

dwšmnyn

mrnyn

zrnyn

rwšnyn

ʾswnyn

xwnyn

sxwnyn

ʾʾgynyn

dwšmynyn

'gwxt
fr'mwxt
pr'mwxt
pdmwxt
pdmwx<u>t</u>
hmwxt
pymwxt
*pwxt
ʿspwxt
'brwxt
''brwxt
bwwxt
pymwwxt
prywxt
'myxt
''myxt
wmyxt
gwmyxt
ʿspyxt
ryxt
wyspryxt
tryxt
'šyxt
wyxt
gwmyyxt
'wzxt
'wzx<u>t</u>
ʿyt
cy<u>t</u>
myšgyt
kyt
qyt
nyt
nwnyt
pyt
py<u>t</u>
h'ws'ryt
'fryy<u>t</u>

'w

hmb''w
b'w
'b'w
'rd'w
g'w
*'bg'w
'rg'w
frg'w
wyg'w
*'br'yyg'w
q'w
prm'w
frwm'w
n'w
pšgwn'w
ywn'w
ʿsp'w
d'r'w
'gr'w
'gr'w-n'm
p'dgr'w
*ns'w
frš'w
srwš'w
hwpt'w
*pdyst'w
whyšt'w
gy'w
sy'w
dw
dw-phykr
hyrzydw
gw
hw
<u>h</u>w
kw
zqw
mryzkw
mryzqw
'mw

yyšwʿzyndkry

tnqry

mry

try

dbyry

tšy

ṯšy

ʾwšy

pyšy

dwšxwpty

dwsty

xwʾšty

ʾwy

xwdʾwy

bwy

xwmbwy

wxšbwy

hwy

rwy

ʾrwy

xwy

prwxy

ʾyy

ʾʾyy

ʾrdʾyy

xwdʾyy

gwgʾyy

ʾgrʾyy

ʾpsʾyy

šʾyy

pʾdyxšʾyy

tʾyy

zywʾyy

ʿyy

ʾwzʿyy

wxybyy

dwšwʾcyy

ṯncyy

rʾdyy

wygrʾdyy

šʾdyy

ʾxšʾdyy

dwšmnyʾdyy

ʾʾzʾdyy

nyʾzxwndyy

ʾhyndyy

ʾby-*wzyndyy

ʾbywzyndyy

bwrdyy

gyrdyy

yzdygyrdyy

fršygyrdyy

drwdyy

wnywdyy

wʾcʾprydyy

dʾnʾgyy

ṯwxšʾgyy

kyrbgyy

qyrbgyy

ʾbyqyrbgyy

grywjywndgyy

wcydgyy

gngyy

ʾprgyy

cbwrgyy

wzrgyy

wyptgyy

hwjstgyy

bwxtgyy

ʾnʾmrzygyy

bzgyy

whyy

ʿškwhyy

wynyhyy

wyhyy

kyy

qyy

pʾkyy

xwnkyy

xwnqyy

swγlyy

thmyy

dwš'rmyy

bzy'dwmyy

'bdwmyy

cymyy

*'cymyy

p'sb'nyy

m'nyy

ʿstwrm'nyy

zrm'nyy

dwžrw'nyy

''stw'nyy

xrwhxw'nyy

xrwxw'nyy

rwšnyy

'mdyšnyy

z'ynyy

dwždynyy

shynyy

pywynyy

drwznyy

pyy

r'ynyd'ryy

*whybg'ryy

'y'dg'ryy

kyrdg'ryy

ʿspwrg'ryy

wyn'ryy

pyš'ryy

šhry'ryy

dwšy'ryy

z'ryy

w'bryy

mstwbryy

*bytdryy

fryy

tngryy

''zygryy

'šnwhryy

hwcyhryy

zyndkryy

dwškryy

dwšqryy

pryy

'pryy

qynšryy

*'wryy

dbyryy

zyryy

tšyy

*fr'mwšyy

xwšyy

pyšyy

dwšmtyy

r'styy

r'sṭyy

mstyy

r'ymstyy

drystyy

drysṭyy

xw'štyy

ʿštyy

dyjwštyy

wdymwštyy

nywbxtyy

'wyzxtyy

bwyy

hwmbwyy

*xwmbwyy

frwxyy

prwxyy

š'dyy

pyrwzyy

pyrwzy

'z

''z

''z-q'm

''z-pymwg

pdw''z

'ndrw''z

'h'z

nm'z

n'z

r'z

'byr'z

byš'z

w'z

n'w'z

pdw'z

'ndrw'z

ny'z

z'z

'dbz

p'dz

hmpdz

h'nz

'nyr'nz

'wyš'nz

gnz

pnz

rnz

rz

'ndrz

lrz

mrz

rrz

wrz

bwrz

prwrz

h'mhyrz

'wz

prdwz

'gwz

''γwz

rwz

pyrwz

'xšwz

''ywwz

rzmywz

dyz

p'dyz

mwrd'hyz

q'nymyz

'nyz

h'm'spyz

hs'ryz

phryz

mwrd'xyz

drw'xyz

prxyz

'ž

z'wrw'ž

rwž

byž

m'hyž

'ywyž